밥
먹여주는
경제학

밥 먹여주는 경제학

인생 고민, 경제학에 묻다

세종보 지음 | 하은지 옮김

더페이지

당신의 인생에
경제 공부가 필요한 이유

"경제학을 공부한다고 돈을 많이 벌 수 있나요?"

"경제학 전공이라면서 왜 어떤 주식이 오를지는 모르는 거예요?"

"경제학이 우리 실생활과 대체 무슨 관련이 있어요?"

내가 경제학을 전공했다고 하면 사람들은 으레 이런 질문들을 던지곤 한다. 그리고 나 역시 항상 고민하는 문제들이기도 하다.

우리가 잘 아는 대다수의 과학적 지식은 자연과학에서 비롯된 것이다. 1+1=2, $E=mc^2$과 같은 공식은 오차 없이 정확해서 달리 논쟁의 여지가 없다. 하지만 경제학은 일종의 사회과학에 속하는 학문으로 복잡하고 변화무쌍한 사람과 사회를 연구한다. 자연과학처럼 정확하게 떨어지는 연구지표와는 비교할 수 없을뿐더러, 실험 결과를 통해 실제 상황에 딱 들어맞게 적용하기도 힘들다. 경제학자들도 일정한 가설을 활용해 우리가 직면한 문제들을 정리해 내긴 하지만 그렇다고 모든 상황에 정확하게 들어맞는 '정답'을 도출하긴 어렵다.

전통 경제학자들은 '사람은 모두 합리적이다'라는 가설을 세우고 이를 바탕으로 사람의 행동이 경제에 미치는 영향을 분석한다. 하지만 우리가 언제나 합리적일까? 그렇지 않다.

'비합리적'인 삶은 어떤 논리에 따라 행동할까? 예는 열거하기 힘들 정도로 많다. "천 명의 독자가 『햄릿』을 읽었다면 천 명의 햄릿이 존재한다."라는 말처럼 세상 모든 경제학자는 커다란 하나의 기준을 근거로 조금씩 다른 가설을 내세우고 논리적인 추론을 통해 결론을 얻는다.

경제학에 사용되는 모든 명사와 결론, 규칙은 일정한 가설을 전제로 한다. 어떤 결론도 따로 떨어져 사용할 수 없다. 이것이 바로 자연과학과 가장 다른 점이다. 특히 이과를 전공한 사람들은 사회과학의 복잡 미묘함을 간과하기 쉽다. 하지만 사회과학은 모두 일정한 조건을 전제로 발전한다.

따라서 경제학 상식으로 이 세상을 바라볼 때는 경직된 눈이나 틀에 박힌 정형화된 사고로 바라보지 않도록 주의해야 한다. 특히나 '10회로 끝내는 경제학 강의' 등과 같은 '속성 교육'으로 경제 규칙을 이해하려고 해서도 안 된다. 가장 기초적인 경제학 가설에서 출발해 결론뿐 아니라 그 결론의 배경이 된 전제를 알아야 하며, 이를 기반으로 추론해 낸 일련의 과정과 논리를 이해하고 조건이나 환경을 똑바로 알아야만 비로소 '수박 겉핥기' 식의 공부에서 벗어날 수 있다.

그렇게 보면 경제학이란 허무맹랑하고 실속 없는, 우리 생활에 아무런 쓸모없는 학문이 아니라는 걸 알 수 있다. 정말 그럴까?

단언컨대 그렇다. 비록 각각의 경제학파는 서로 다른 가설과 관점을 사용하지만, 경제학의 가장 핵심과 본질을 이해하기만 하면 그 안에 존재하는 진정한 의의를 알 수 있다. 직접적인 결론을 바로 도출해 내진 못할지라도 세상을 이해하는 방법과 논리는 파악할 수 있다.

가령 '대도시에서의 분주한 삶 vs. 시골에서의 소박한 삶'이라는, 보기에는 어려운 선택지가 눈앞에 놓여 있을 때 '기회비용'이라는 개념을 이해하면 그 장단점을 확실하게 판단할 수 있다.

사랑하는 사람과의 이별 후 매일 눈물로 고통스럽게 살아가는 사람이 '매몰비용'을 이해하면 좀 더 건강하고 수월하게 과거와 '이별'하고 아름다운 훗날의 '사랑'을 맞이할 수 있는 것처럼 말이다.

이것이 바로 경제학이 우리 일상에 존재하는 이유다.

경제학이 단순히 돈에 관해 연구하는 학문이라고 생각하는 사람들이 정말 많다. 하지만 하버드 대학 지정 경제학 교재인 『미시경제학 Microeconomics』의 시작에는 이렇게 쓰여 있다.

"경제학의 통일된 연구 주제는 돈이 아니라, 선택이다."

경제학자는 모든 인류의 행동은 선택의 결과라고 본다. 인생에서 우리는 무수히 많은 선택을 만난다. 때로는 답이 분명한 것도 있지만 대부분은 내게 어떤 옵션이 주어졌는지 잘 알지 못하며, 내가 내린 선택으로 어떤 미래가 펼쳐질지 잘 예측하지 못한다.

경제학의 역할이 바로 여기에 있다. 물론 수학처럼 '표준 답안'을 정확히 제시하진 못하지만, 사회와 심리 등 여러 요인을 분석해 이 세상이 돌아가는 경제 논리를 찾아 주어 당신이 가진 선택지를 좀 더 확실하게 볼 수 있게 한다. 모든 선택 사항의 장단점을 구분하여 당신이 가장 알맞은 선택을 할 수 있도록 도와준다.

필자는 이 책에서 경제학 상식을 활용해 인생의 수많은 난제와 궁금증을 풀어 보려 했다. 시골에서 한적하게 살지 도시에서 바쁘게 살지, 이직을 하는 것이 좋을지 아닐지 등 언뜻 경제학과 별 상관없는 것처럼 보이지만 이런 문제들이야말로 경제학 상식으로 충분히 해결할 수 있다. 경제학은 사회과학의 일환으로 우리가 세상을 이해하는 방법을 알려 준다. 또 수많은 가설과 논리 중에서 각자의 환경과 기회, 상황에 맞는 선택지를 찾아내어 우리에게 제시한다.

나는 이 책이 인생의 중요한 선택의 갈림길에 있는 모든 사람에게 상대적으로 현명한 결정을 내리는 데 도움이 되길 진심으로 기도한다.

저자 셰쭝보

차례

PART 1
알 수 없는 삶의 '이상 기후' 해석하기

(1장) 소득은 늘어나는데 왜 우리는 점점 가난해질까?
▌차별적 인플레이션, 캔틸런 효과

(2장) 왜 필수품인 물은 싸고 사치품인 보석은 비쌀까?
▌한계 원리에 따른 경제적 의사결정

PART 2
풀리지 않는 인생 고민 해결하기

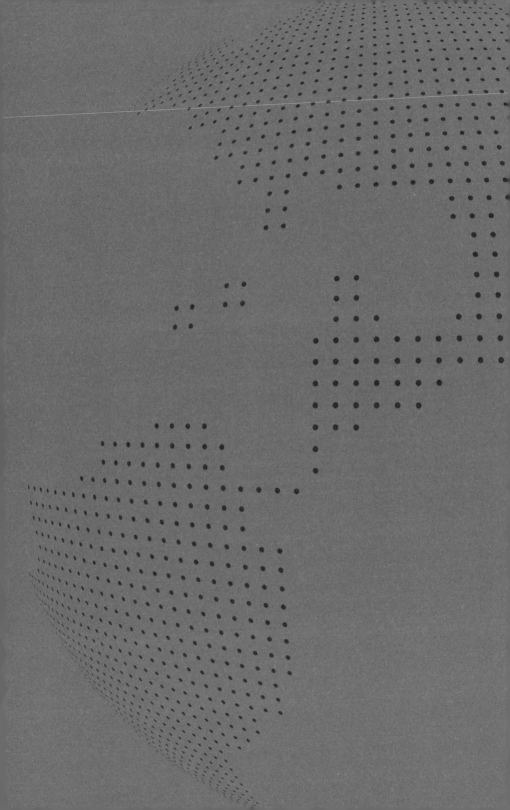

PART 1

알 수 없는 삶의 '이상 기후' 해석하기

1장

매년 연봉은 올랐는데
돈은 갈수록 부족하다는 사람들
예전보다 더 가난해진 것 같다는 것은
착각일까? 사실일까?

소득은 늘어나는데
왜 우리는 점점 가난해질까?

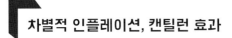 차별적 인플레이션, 캔틸런 효과

어느새 제가 대학을 졸업한 지 10년이 지났네요. 그사이 연봉은 매년 올랐는데 희한하게 돈은 갈수록 부족한 느낌이에요. 늘 허리띠를 졸라매야 하는 팍팍한 일상에 치여 살다 보니 점점 지쳐 가고 있어요.

제 기억에 대학을 갓 졸업한 그해, 한 달 월급은 고작 160만 원 남짓이었습니다. 그렇지만 그때는 매달 내야 하는 월세를 제외하면 딱히 크게 돈쓸 일이 없었어요. 월세를 내고 남은 돈으로는 친구들을 만나 밥을 먹거나 여행을 다니곤 했습니다. 사실 돌아보면 그렇게 넉넉한 편은 아니었는데 지금처럼 늘 돈 때문에 노심초사하진 않았던 것 같아요.

지금은 상황이 많이 달라졌습니다. 월급은 그때보다 3배 가까이 올랐지만, 돈 쓸 곳은 넘쳐 납니다. 일단 아파트 대출금과 이자로 매달 200만 원이 빠져나가고, 차량 유지비도 수십만 원씩 깨지고 있어요. 기념일마다 와이프에게 가방도 사 줘야 하고 아이 학원비도 필요합니다. 이런저런 명목으로 쓰다 보면 결국 남는 돈이 없어요. 여행은 언감생심, 연휴에 가자니 숙박비나 비행기 티켓이 너무 비싸고 평일에 가자니 연차를 내는 만큼 월급이 줄어들어 선뜻 나서질 못합니다.

대체 제가 번 돈은 다 어디로 간 걸까요? 아무리 생각해도 미스터리입니다.

그런데 저만 그런 게 아닌가 봅니다. 지인들에게 물어보면 다들 저와 느끼는 게 비슷하거든요. 웬만한 친구들은 집도 있고 차도 있고 1년에 한두 번씩 해외여행도 다닙니다. 삶의 질이 오른 건 확실한데, 가면 갈수록 돈이 없다고 느끼는 건 왜일까요?

부와 가난은
절대적 개념이 아니다

우리의 삶은 예전보다 풍요로워졌을까요, 아니면 궁핍해졌을까요? 사실 정답은 그리 어렵지 않습니다. 그런데 대체 왜 사람들은 본인이 전보다 훨씬 더 가난해졌다고 느끼는 걸까요?

흔히들 '갈수록 빈곤해진다', '갈수록 사는 게 힘들다'고 말합니다. 그런데 그건 진짜로 과거보다 생활 수준이 낮아졌다는 뜻이 아닙니다.

정말로 20년, 30년 전과 지금의 삶을 비교하면 어떨까요? 그때에 비하면 사람들의 생활 수준이나 조건은 당연히 좋아졌습니다. 그리고 앞으로도 계속 더 좋아질 거고요.

처음 휴대전화가 세상에 등장했을 때는 지금과 같은 모습이 아니었습니다. 벽돌만 한 크기에 무게도 엄청났지만 사람들은 그걸 들고 다니는 사람을 부러워했지요. 하지만 지금은 오히려 휴대전화가 없는 사람을 찾아보기 힘들 정도입니다. 그뿐인가요. 언제 어디서든 모바일 기기로 인터넷을 사용할 수도 있습니다.

옛날에는 해외여행이 지금처럼 흔하지 않았습니다. 하지만 지금은 가까운 동남아 국가는 마음만 먹으면 언제든지 갈 수 있죠. 자전거와 오토바이가 즐비했던 도로는 이제 자동차가 점령했습니다. 값비싼 외제 차도 심심치 않게 찾아볼 수 있지요. 옛날에는 명절이나 되어야 사 입던 새 옷을 이제는 수시로 사 입고 버립니다.

그저 지금은 너무 당연한 일상으로 여긴 나머지 이것들이 우리의 '부富'라는 사실을 인지하지 못할 뿐입니다.

사실 '수직적'으로 비교해 보면 최근 수십 년간 우리는 물질적으로 눈부신 변화를 겪었습니다. 삶의 질도 놀라울 만큼 성장했지요. 밥 한 끼 제대로 해결하는 게 가장 큰 일이었던 시대를 지나 오랜 세월에 걸쳐 선진국이 이루어 낸 경제발전을 우리는 단기간에 이룩했습니다.

그런데 왜 우리는 여전히 빈곤하다고 느끼는 걸까요?

답은 간단합니다. 부와 가난은 절대적인 개념이 아닌 상대적인 개념이기 때문입니다. 문제는 그 비교 대상을 '수직적'이 아닌 '수평적'인 관계에서 찾고 있다는 점이지요. 쉽게 말해서 사람들은 본인이 부자인지 아닌지, 돈이 많은지 아닌지를 평가할 때 주변 사람들과 비교하지 과거의 나 자신과 비교하지 않습니다. 그러니까 '가난하다', '돈이 없다'고 느끼는 건 주변 사람에 비해 내 조건이 좋지 않다고 느끼기 때문이라는 말입니다.

예를 들어 볼게요. 우리는 빠른 경제 성장을 통해 부를 창출했지만, 그것이 모든 사람에게 골고루 분배되지는 않았습니다. 물론 경제 성장에 서로 기여한 바가 다르고 감당한 위험이 다르므로 부를 모두에게 완벽히, 평등하게 분배할 수는 없습니다. 그러나 부의 불균형적인 성장은 기존의 빈부 격차를 더 심화시켰고 예전과는 또 다른 형태의 빈부 격차를 가져왔습니다.

이해하기 쉽게 구체적으로 말하자면, 만약 당신이 지방에 30평짜리 아파트를 한 채 샀다고 칩시다. 그런데 그 이후에 당신 친구가 서울에 30평짜리 아파트에 입주하는 순간, 당신은 곧바로 가난하고 초라한 존재처럼 느껴집니다.

연 매출 200억을 달성하는 기업의 대표도 마찬가지예요. 주변에서 지인이 성공적으로 기업 상장을 마쳤다는 소식이 들려오면 돌연 허무해집니다. 본인은 죽어라 악착같이 일하는데 돈은 남들만큼 못 버는 것 같은 생각이 들어서죠. 만약 연말에 상여금 2천만 원을 받고 기뻐하던 과거의 자신과 비교해도 그런 생각이 들까요?

우리는 진짜 가난한 게 아닙니다. 그저 당신 주변의 친구가, 지인들이 돈이 많아도 너무 많은 것뿐이에요. 그런 그들과 자신을 비교하다 보니 상대적으로 '가난하다'는 착각을 하는 것뿐이죠.

돈은 곧 구매력?
NO!

과연 우리에게 돈이 많다면 자유롭게 쓸 수 있을까요? 그렇지 않습니다. 오히려 마음 놓고 쓸 수 있는 돈이 줄어듭니다. 이 이상한 경험을 한 번씩은 해 봤을 것 같은데요.

이유가 뭘까요? 그건 돈이 곧 구매력은 아니기 때문입니다. 다시 말해 돈이 많아지는 만큼 구매력이 덩달아 상승하는 건 아니라는 뜻이죠. 오히려 '사회'에 돈이 많아질수록 우리가 가진 돈의 가치는 점점 떨어집니다.

2020년 초부터 코로나19 팬데믹의 영향으로 전 세계 대다수 국가 경제 지수가 하락세를 보이기 시작했습니다. 미국, EU, 일본 등은 이에 대응하기 위해 화폐 공급을 늘리는 경기 부양 정책을 실시했어요. 경기를 살리기 위해 돈을 더 많이 찍어 내기 시작한 거죠.

통계에 따르면 2020년 말, 세계 8대 주요 국가가 신규로 공급한 화폐량은 최고 14조 달러에 육박했습니다. 이는 전 세계 70억 인구 모두에게 각각 약 270만 원씩 나눠 줄 수 있는 규모입니다.

2021년, 새로 취임한 조 바이든 미국 대통령이 1조 9천억 달러 규모의 코로나 관련 지원 정책을 추가로 통과시키자 수많은 국가가 새로운 화폐 공급 행렬에 잇따라 동참하기 시작했습니다.

이처럼 세계적으로 화폐 공급이 늘어날 때 어떤 결과가 나타날까요? 전 세계적 인플레이션과 개인 자산의 대폭 감소입니다. 안타깝지만 이것을 피해 갈 수 있는 사람은 아무도 없습니다.

화폐 공급이 늘어나면 왜 우리가 가진 돈의 '값어치'가 떨어질까요?

예를 들어봅시다. 열 명으로 구성된 작은 사회가 있습니다. 모든 사람의 재산은 10원씩, 똑같습니다. 그중에는 대통령도 있고 자영업자도 있고 하는 일이 가지각색입니다.

점심시간이 되자 만두를 파는 사람이 장사를 시작했습니다. 그는 만두 10개를 가져다가 처음엔 하나에 3원씩 가격을 책정했지요. 하지만 전 재산이 10원이었던 사람들은 선뜻 만두를 사 먹지 못했습니다. 고민 끝에 결국 만둣집 사장은 만두 하나당 1원으로 가격을 내렸습니다. 그러자 사람들도 기꺼이 만두를 사기 시작했어요. 가진 돈의 10분의 1만 내고 만두 하나를 사는 것에는 심리적 거부감이 별로 없었기 때문입니다.

물론 만두 하나로는 배가 부르지 않았지만, 돈을 더 내고 두 개씩 사 먹는 사람은 없었습니다. 그래서 열 사람이 만두 하나씩, 매우 공평하게 먹을 수 있었어요. 이렇게 해서 공급과 수요가 완벽하게 맞아떨어졌습니다.

저녁이 되고 어김없이 식사 시간이 돌아왔습니다. 만둣가게 만두는 똑같이 10개였으며 하나당 가격은 1원이었습니다. 다들 하나로는 배가 차지 않았지만 그래도 모든 사람이 똑같이 1원씩 내고 하나만 사 먹었습니다.

그런데 끼니때마다 배를 두둑이 채우지 못하는 국민들을 보며 안타까운 마음이 생긴 대통령이 중대한 결정을 내렸습니다. 사람들의 끼니 걱정을 덜어 주기 위해 모두에게 10원씩 지원금을 나눠 주기로 한 것입니다.

가장 먼저 돈을 받아 간 사람은 곧장 만둣가게로 달려가 2원을 내고 만두 2개를 사 먹었습니다. 어떤 변화가 생기는 순간, 시장 경제 체제는 기가 막히게 그것을 인지하고 따라가기 마련입니다. 만둣가게 사장은 수요가 늘기 시작했다는 걸 곧바로 눈치챘지요. 그의 머리가 빠르게 돌아갔습니다. '10명이 2개씩 먹는다고 치면 최소 20개가 필요하겠군! 하지만 나 혼자서 매일 만들 수 있는 양은 10개로 정해져 있는데….'

수요는 늘어났는데 공급은 정해져 있는 상황. 이럴 때 '장사꾼' 사장이 할 수 있는 건 뭘까요? 그렇습니다. 가격을 올리는 것입니다.

두 번째 지원금을 받은 사람이 만둣가게를 찾았을 때는 이미 만두 가격이 하나당 2원으로 올라가 있었습니다. 하지만 그는 개의치 않았어요. 손에는 정부로부터 받은 10원이 들려 있었기 때문입니다. 그는 통쾌하게 4원을 내고 만두 2개를 사 갔습니다.

그러자 만둣가게 사장은 또다시 생각했습니다.

'계속 가격을 올려보자. 예전처럼 사람들이 딱 하나씩만 사 먹을 수 있을 때까지. 그럼 하나씩만 팔아도 돈을 많이 벌 수 있겠지!'

사장은 만두 가격을 계속 올렸습니다. 그러다가 사람들이 불만을 터뜨리자 가격을 내렸어요. 하지만 다시 욕심이 생겨서 가격을 올렸고, 또 수요가 줄어들자 가격을 내렸습니다. 그렇게 만두 가격은 올랐다 내렸다를 계속 반복하다가 어느 지점에서 안정을 찾았습니다.

만두 가격은 얼마에 안정세를 찾았을까요? 바로 2원입니다. 모든 사람이 하나당 2원을 내야 공평하게, 골고루 먹는 체제가 형성되었지요. 비록 사람들이 가진 자산은 기존의 10원에서 20원으로 2배가 올랐지만 현실은 여전히 전 재산의 10분의 1을 지불해야만 만두 하나를 먹을 수 있는 상황이었습니다.

왜일까요? 사회의 총수요는 총공급과 늘 균형을 이룹니다. 따라서 수요가 일정하고 공급에도 변화가 없는 한, 자산이 증가한다고 해서 구매력이 늘어나진 않습니다. 다시 말해 돈이 많아진다고 해도 실질적인 구매력에는 변화가 없다는 뜻입니다. 물론 이론은 그렇지만 현실은 조금 다릅니다. 화폐 공급의 증가로 늘어난 돈은 결코 동일하게 모든 사람에게 분배되지 않으니까요. 새롭게 발행된 화폐가 사회로 서서히 흘러들면서 가장 먼저 그것을 손에 넣는 사람들, 즉 '선발 주자'들이 먼저 이득을 얻고 자산 가격을 올립니다. '후발 주자'들도 잇따라 돈을 손에 넣긴 하지만 자산은 오히려 줄어듭니다. 이것이 바로 화폐 공급이 늘어날 때 시차를 두고 차별적으로 인플레이션이 발생하는 '캔틸런 효과Cantillon Effect'입니다. 쉽게 말해 소위 업스트림Upstream의 '선발 주자'들이 먼저 부를 차지하면서 다운스트림Downstream의 '후발 주자'가 가진 자산 가치는 상대적으로 줄어듭니다. 업스트림이 다운스트림을 약탈하며 그렇게 수입과 부의 재분배가 조용히 끝이 납니다.

현재 달러를 포함한 유로, 파운드, 위안화, 페소, 리라 등의 구매력이 시간이 지나면서 점점 하락하고 있습니다. 일부 국가는 하락세가 더디고 일부 국가는 빠른 것처럼 속도 면에서 약간 차이가 날 뿐 화폐 구매력의 하락은 전 세계에서 공통으로 나타나는 문제입니다.

당신이 '나의 구매력은 여전히 우세하며 부유하다.'라는 느낌을 유지하려면 사회의 부가 늘어나는 과정에서 다음의 두 가지를 주의 깊게 살펴봐야 합니다.

갈수록 심각해지는
부의 양극화

첫 번째로 살펴볼 부분은 부의 재분배에 관한 것입니다. 먼저 새롭게 창출된 부가 당신에게도 분배되었는지, 만일 그랬다면 분배된 그 부의 비율이 평균치를 넘어섰는지 살펴보아야 합니다.

사회의 총자산은 해마다 증가합니다. 대표적인 예가 GDP의 성장이지요. 그러나 문세는 새롭게 늘어난 부는 지역에 따라, 업계에 따라, 각각의 사회적 역할에 따라 다르게 분배된다는 점입니다.

중국의 경우 과거 10여 년 동안 엄청난 부의 성장을 이룩했습니다. 성장률만 놓고 보면 그 어떤 국가보다 높지요. 하지만 이와 동시에 부의 양극화 현상이 심각합니다. 지역 간, 업계 간 격차는 물론 사회 전반적인 부분에서 격차가 두드러집니다.

가장 직접적인 예가 바로 임금입니다. 그동안 임금 상승률은 사회의 부가 늘어나는 속도를 따라가지 못했습니다. 그러다 보니 오로지 임금 수입에 의존해 부를 축적하려는 사람들의 사회적 지위가 점차 하락했습니다.

과거 1990년대에서 2000년대 초반까지만 해도 중국 대학 졸업생의 평균 월급은 60만 원 남짓이었습니다. 하지만 당시 부동산 가격은 대도시의 경우 1제곱미터당 수십만 원이었어요. 100만 원이 넘어가면 호화저택으로 간주했습니다. 집 장만이 쉬운 건 아니었지만 그래도 상상 못 할 그림의 떡은 아니었지요. 그런데 당시 수도권에서 4~5천만 원, 1억 원 정도에 매매되던 부동산 가격은 이제 기본적으로 20억 원을 넘어갑니다. 보통 3~4인 가족의 모든 수입을 합친 것보다도 훨씬 높은 수준입니다.

그렇다면 현재 대학 졸업생들의 상황은 어떨까요? 학부 졸업생들의 평균 임금은 100만 원 남짓, 높아 봐야 200만 원 정도입니다. 하지만 수도권과 그 부근 도시의 부동산 가격은 이미 1㎡당 수백만, 심지어 수천만 원까지 치솟았습니다. 지방 도시의 부동산 가격도 평균 1㎡당 2천만 원을 호가합니다. 그 말인즉슨 어떤 도시든 집 한 채를 장만하려면 20억 정도는 있어야 한다는 뜻입니다. 그렇지만 젊은이 중에 그만한 현금을 가진 사람도 없거니와 대출을 받기도 버거운 상황입니다.

안타깝지만 이것이 바로 사회의 부가 증가하는 과정에서 필연적으로 발생하는 결과입니다. 나날이 증가하는 사회의 부와 개인 수입 간의 간극이 벌어지면 벌어질수록, 노동의 대가로 받는 보상의 정도가 개인 자산으로 재창출해 내는 부의 성장을 따라가지 못하는 것이지요. 쉽게 말하자면 '사람이 일해서 돈을 버는' 속도보다 '돈이 돈을 버는' 속도가 훨씬 빠른 것입니다.

이렇듯 부자는 더욱 부자가 되고, 가난한 자는 더욱 가난해지는 현상을 경제학에서는 '마태효과Matthew Effect'*라고 부릅니다.

---

* 마태효과: "무릇 있는 자는 받아 넉넉하게 되되 없는 자는 그 있는 것도 빼앗기리라(『신약성경』 「마태복음」 25장 29절)"의 구절을 인용한 것으로 부유한 자와 가난한 자의 부의 간극이 점점 더 벌어진다는 빈익빈 부익부 현상을 함축적으로 표현했다.

기존 부의 인플레이션

두 번째로 살펴보아야 하는 것은 기존 부의 인플레이션입니다. 통화通貨는 돈입니다. 우리가 흔히 말하는 돈은 바로 모든 통화, 즉 금으로 항시 바꿀 수 있는 화폐를 지칭합니다. 인플레이션이란 쉽게 말해서 시중에 '돈이 많아졌다'는 뜻이지요. 돈이 많아지면 어떻게 될까요? 구매력은 하락하고 돈의 가치는 떨어집니다.

전통적인 경제학자들은 화폐의 양이 전체적인 경제 발전 상황과 맞물려 조화를 이뤄야 한다고 주장했습니다. 화폐 공급량이 전체적인 경제 발전 속도와 부합하면 아무런 문제가 없습니다. 그러나 화폐 공급량이 경제 발전 속도를 초과하는 순간 문제가 발생하지요. 화폐 공급의 적절한 증가는 화폐 가치를 안정적으로 유지할 수 있게 합니다. 하지만 초과 공급되면 경제는 그것을 모두 '소화'해 내지 못합니다. 결국 소화되지 않은 돈은 시중에 넘쳐흐르고, 이는 곧바로 제품 가격을 상승시킵니다. 그 결과 물가는 상승하고, 화폐는 평가절하되며, 돈의 가치는 떨어지는 상황이 일어나는 것이죠.

1990년대 초, 미국 경제학자 어빙 피셔Irving Fisher는 화폐와 가격의 관계에 관해 다음과 같은 '피셔 방정식Fisher Equation'을 정립했습니다.

$$MV=PQ$$

M=통화량 Money Supply	P=가격 Price
V=화폐유통속도 Velocity of Money	Q=생산량 Quantity

생산량(Q)은 똑같은데 화폐유통속도(M)가 가파르게 성장하면 자연스레 상품 가격(P)이 빠르게 상승합니다.

인플레이션으로 인해 국가가 부도 위기에 처하고 국민들의 삶이 진흙탕에 빠진 사례는 현대 사회에서 쉽게 찾아볼 수 있습니다.

2014년 이전까지 베네수엘라는 지구상에 존재하는 낙원으로 불렸습니다. 91만 킬로미터가 넘는 국토 면적 가운데 경작 가능한 토지 면적이 약 3천만 헥타르에 달했지요. 심지어 일부 지역은 삼모작*이 가능해 쌀과 옥수수, 수수 등과 같은 농작물을 연이어 재배할 수 있었습니다. 이는 3천만 국민들을 충분히 먹여 살리고도 남는 양이었어요.

광물 자원은 더 풍부했습니다. 전국의 철광석과 석탄 비축량이 각각 20톤과 90톤 이상을 자랑했고 석유 비축량은 전 세계의 4%를 차지했어요. 2011년 통계에 따르면 전국적으로 3천억 통 이상의 채굴

---

* 삼모작: 같은 경작지에서 1년에 세 차례 농작물을 재배하여 수확하는 농법. 토지이용률을 높임으로써 생산성을 향상시킬 수 있는 경작법으로 연중 기온이 높고 비가 많은 열대나 아열대 지역에서만 가능하다.

가능한 원유를 보유하고 있는 것으로 밝혀지면서 세계 1대 매장국이 되었지요. 이는 전 세계 18%의 매장량을 차지하는 어마어마한 수치였어요. 한때 베네수엘라의 원유 가격은 갤런*당 300원 정도로 원유 1리터가 물 1리터보다도 더 저렴했습니다.

그 덕분에 오랜 시간 베네수엘라의 국가 복지는 천국과도 같은 수준이었습니다. 의료, 주택, 교육 등 모든 분야에서 무상복지가 이뤄졌어요. 유가가 1원씩 오르면 베네수엘라의 복지도 1원씩 올라간다는 말이 있을 정도였습니다.

그러나 안타깝게도 그 영광은 오래가지 못했습니다. 2014년, 국제 유가 폭락으로 베네수엘라 정부는 예측하지 못한 '재난'을 맞이했지만 적절한 대응책을 찾지 못했습니다. 할 수 있는 것이라고는 화폐 공급을 늘려 높은 보조금과 복지 수준을 유지하는 것이었지요. 그러나 지나친 양적완화 정책은 결국 심각한 인플레이션을 야기했고 비극은 그렇게 막을 열었습니다.

베네수엘라 정부는 2018년 국민 최저임금을 3000% 이상 인상했지만, 국민들은 전혀 감동하지 않았습니다. 그래 봤자 3만 원어치 식재료를 더 살 수 있는 수준밖에 되지 않았기 때문이지요. 당시 베네수엘라에서 2.5킬로그램의 닭 한 마리 가격은 약 28억 정도였습니다.

---

*   1갤런=3.79L

인플레이션 상황에서
내 자산을 늘리는 방법

어떻게 하면 사회의 부가 늘어나는 만큼 내 자산도 늘릴 수 있을까요?

그러려면 먼저 지출에 대한 이해가 필요합니다. 지출은 '소비성 지출'과 '투자성 지출'로 나뉩니다. 인플레이션은 두 부분에 전혀 다른 결과를 가져오지요.

소비성 지출의 대표적인 예는 돼지고기입니다. 돼지고기 가격이 오른다는 건 곧 생활비가 오른다는 뜻입니다. 투자성 지출에는 부동산 가격이 있습니다. 부동산 가격이 오른다는 건 자산의 증가를 의미하지요.

만일 소비에서 지출이 늘어났다면 당신에게 인플레이션은 '수입의 평가절하', '지출 증가'의 뜻을 지닙니다. 반면 투자에서 지출이 늘어나면 그것은 '자산의 증가'를 의미하지요.

그렇다면 답은 간단합니다. 인플레이션에 지는 싸움을 하고 싶지 않다면 당신의 자산을 최대한 투자성 지출에 배분해야 합니다.

이와 관련해 경제학자들이 재미있는 사실 하나를 발견했어요. 비록 인플레이션은 해마다 심화하지만, 시장에는 언제나 고정적인 '닻'이 존재해서 그것으로 사회의 전체 가치를 안정적으로 유지한다는 점입니다.

'닻'이란 문자 그대로 배를 한곳에 정박해 두기 위해 줄에 매어 물

밑바닥으로 가라앉히는 기구입니다. 한번 닻이 내려가면 올라오기 전까지 배는 닻과 연결된 밧줄 내에서만 움직일 수 있어요. 이와 같은 현상을 경제학에서는 '닻 내림 효과'라고 합니다.

중요한 건 '닻'이란 무한대로 수위가 오르는 게 아니라 평균치를 유지한다는 점입니다. 예를 들어 볼게요. 최근 부동산 가격이 전체적으로 10% 하락세를 보이고 있습니다. 그렇다고 해도 당신의 자산 순위는 크게 하락하지 않아요. 왜냐하면 대부분의 사람이 부동산에 자산을 투자했기 때문에 오름세와 내림세를 다 같이 타기 때문이지요. 그래서 '닻'을 내린 분야에서 자산 계급에는 큰 변동이 없습니다.

집을 딱 한 채만 가지고 있는 사람이라면 부동산 가격의 오르내림이 별로 중요하지 않다고 생각할 수 있어요. 지난 20년간, 부동산을 한 채라도 보유한 사람들이 그나마 인플레이션이 몰고 온 통화 가치 하락에 대응할 수 있었으며 자산 순위를 유지할 수 있었습니다.

최근 부동산 가격이 안정세로 돌아서면서 이제 더는 '닻 내림'의 역할을 할 수 없게 되었습니다. 왜일까요?

첫째로 부동산 투자가 안정기에 접어들며 예전처럼 '3년에 2배씩' 오르던 현상이 줄어들었기 때문입니다. 그리고 이러한 현상은 앞으로 더 드물 거예요. 특히 중국 정부에서 '집은 투기용이 아닌 거주용'이라는 부동산 규제 정책을 내세우면서 투자 형태의 거래도 눈에 띄게 줄어들었습니다. 따라서 부동산 가격의 빠른 성장세는 앞으로 찾아보기 힘들 것으로 예상됩니다.

지난 20년 동안 부동산 투자의 연 수익률은 10% 이상을 기록했지만, 앞으로는 3%대까지 떨어질 것으로 보입니다. 심지어 그 이하로 하락해 물가 상승 수준을 밑돌 것이란 예상도 있어요.

둘째로 주식이나 펀드, 적금과 같은 주기가 긴 투자 재테크 상품들의 규모가 빠르게 확대될 것으로 보이며 시장 수익률 역시 훨씬 높을 것으로 예상됩니다.

주식시장의 수익률은 대략 10% 정도가 될 겁니다. 물론 종목별로 리스크가 다르므로 수익률에는 차이가 있어요. 그러나 전체적인 투자의 저울은 이미 주기가 긴 장기투자 종목으로 기울었습니다.

앞으로 1주택 혹은 2주택에 대한 수요는 여전히 존재하겠지만 더 많은 사람이 주식이나 펀드 등의 투자 재테크 상품에 '닻'을 내릴 거예요. 상대적으로 부동산보다 훨씬 더 많은 수익을 낼 수 있기 때문입니다.

하이퉁증권海通證券의 쉰위건荀玉根 애널리스트 역시 "지난 20년 동안은 몇 채의 집을 보유했는지에 따라 부의 여부가 결정되었지만 향후 10년, 20년은 주식과 펀드의 자산 보유량에 좌지우지될 것"이라고 분석했습니다.

이제, 처음에 던졌던 질문으로 돌아가 볼게요. 우리의 물질적 삶은 점점 좋아지고 있고, 국가 경제 역시 빠르게 발전하고 있습니다. 그러나 그 발전 과정에서 얻는 여러 이점이 시간이 갈수록 둔화되고 있고 심지어 일부 분야에서는 정체된 모습이 나타나기도 합니다. 경제가 빠른 속도로 발전할 때는 끊임없이 파이의 크기를 키워 가기 때문에 분배 문제가 잘 드러나지 않아요. 그러나 양적 성장이 끝날 무렵부터 첨예한 문제가 수면 위로 드러나기 시작해 양극화가 심화되지요.

부의 양극화가 발생하면 '수입이 늘어나면 곧 부자가 될 수 있다'는 게 착각이라는 걸 직감적으로 깨닫습니다. 그보다는 전체적인 부 가운데 앞순위에 있어야만 비로소 부자가 된다는 걸 깨닫지요. 나아가 전체 사회에서 차지한 부의 순위를 변함없이 일정하게 유지해야만, 심지어 조금씩 더 위로 올라가는 사람만이 소위 '부'를 누릴 수 있다는 걸 발견합니다.

'비 오기 전에 창문 고친다'는 말이 있습니다. 문제가 발생하기 전에 미리 대비해야 한다는 경고를 담고 있는데요. 우리는 앞으로의 경제 형세에 꾸준히 관심을 두고 사전에 올바른 판단을 내릴 수 있어야 합니다. 경기에 상관없이 개인의 자산은 늘어날 수도, 줄어들 수도 있어요. 자산별 수익률도 다르게 나타날 수 있습니다. 중요한 건 투자에 대한 올바른 인식을 정립하는 것입니다. 우리는 투자라는 수단을 통해 돈과 자산의 축소를 막을 수 있고 '가난하다'는 느낌에서 벗어날 수 있습니다. 또 유한한 자금으로 가치를 창출해 나갈 수 있으며 내 가족을 보호하고 더 나은 삶을 살 수 있습니다.

2장

딱 한 가지만 기억하라
합리적인 판단을 하려면 '한계'를 보면 된다

왜 필수품인 물은 싸고
사치품인 보석은 비쌀까?

한계 원리에 따른 경제적 의사결정

생활이 넉넉한 편이 아닌 저는 가격에 민감한 편입니다. 그중에서도 제가 가장 이해할 수 없는 게 하나 있어요. "대체 부동산과 보석은 왜 그렇게 비싼가?" 하는 것입니다. 얼마 전에 친구와 대화하다가 저도 모르게 핏대를 세우며 말했어요.

"아니, 우리한테 정말로 필요한 것들, 예를 들면 물이나 쌀, 식용유나 소금 같은 건 저렴하잖아? 심지어 진짜 없어서는 안 되는 공기는 무려 공짜라고! 그런데 다이아몬드나 보석, 명품 가방 같은 것들은 없어도 살아가는 데 전혀 지장이 없음에도 대체 왜 그렇게 비싼 건데?"

물론 저는 이러한 사실에 내심 감사와 안도감을 느낍니다. 돈이 없는 사람도 어쨌든 삶을 살아갈 수는 있으니까요. 그렇지만 제품의 가격은 무조건 실용성과 관련 있어야 한다고 생각하는 저는 필요 없는 물건일수록 왜 그렇게 비싼 건지 도저히 이해가 가지 않습니다.

가치는 효용에 따라
결정되지 않는다

물은 인간이 살아가는 데 없어서는 안 되죠. 그런데도 물의 가치는 낮은 반면, 있어도 되고 없어도 되는 다이아몬드의 가치는 왜 그리 높을까요? 19세기 경제학자들 역시 같은 문제로 고민에 빠졌습니다.

근대 경제학의 아버지라 불리는 애덤 스미스는 『국부론』을 통해 이러한 '가치의 역설'을 갈파했어요. 그러나 고전적인 경제 이론은 이 문제에 속 시원한 해답을 내놓지 못했습니다. 그러던 중 1870년대에 한계 효용* 학파가 등장하면서 한계 주의**를 주장하기 시작했고, 이는 경제학에 엄청난 변혁을 몰고 왔습니다. 이것이 바로 '한계혁명'입니다.

이 혁명은 경제학의 패러다임을 완전히 바꿔놓았습니다. 이후 사람들의 시선은 고전 경제학에서 늘 강조하던 생산과 공급, 원가에서

---

*   효용: 일정한 종류의 재화가 잇따라 소비될 때 최후 한 단위의 재화로부터 얻어지는 심리적 만족도. 욕망의 정도에 정비례하고 재화의 존재량에 반비례한다.
** 한계 주의: 부차적·한계적 효용성과 관련하여 상품과 서비스 가치의 불일치를 설명하려고 시도하는 경제학 이론.

현대 경제학의 소비와 수요, 효용으로 옮겨갔습니다.

한계혁명은 1870년대 초부터 시작해 20세기 초까지 이어졌습니다. 20~30년 동안 한계 효용 학파를 이끈 대표적인 인물로는 영국의 경제학자 윌리엄 스탠리 제번스William Stanley Jevons와 로잔학파의 프랑스 경제학자 레옹 발라스Léon Walras, 오스트리아학파를 창시한 경제학자 카를 멩거Carl Menger가 있습니다. 그들은 모두 1870년대 초에 각자의 대표작을 출간하며 약속이나 한 듯 하나의 주제, 즉 '가치는 어떻게 결정되는가?'에 관한 문제를 다루었습니다.

한계 주의는 가치가 결정될 때 가장 중요한 역할을 하는 것이 '한계성'이라고 주장합니다. 즉, 최종 단위에서 소비하는 소비재나 제품의 희소성이 큰 영향을 준다는 것이지요.

예를 들어 봅시다. 한 가정에서 자가용을 장만했습니다. 이로써 가족들이 편안하게 외출할 수 있게 되었지요. 이들에게 이 자동차의 가치는 매우 큽니다. 그런데 가족 구성원이 늘어나거나 자가용을 수리할 일이 생겨 어쩔 수 없이 한 대를 더 구비하게 되었어요. 두 번째 차량의 가치도 높은 편이긴 하지만 첫 번째만큼은 아닙니다. 만일 세 번째 차량이 생긴다면 그 가치는 훨씬 더 떨어지겠지요. 물론 차량을 세 대씩 보유한 가정이 많진 않을 거예요. 왜냐하면 세 번째 차량의 가치가 그 가격에 상응하는 만큼 높지 않기 때문이죠. 이러한 논리가 '물과 다이아몬드'의 문제를 이해하는 데 도움을 줍니다.

물품의 가치는 그것이 사용자에게 주는 한계 효용에 따라 결정됩니다. 물은 생명에 꼭 필요한 필수품이지만 그 저장량이 거대합니다. 그렇기 때문에 한 방울이 많아지거나 적어진다고 해서 그 효용성에 큰 영향을 주지 않아요. 생수를 한 병 더 마신다고 어마어마한 함께 수입이 발생하진 않기 때문이죠. 생수 한 병이 저렴한 이유도 그 때문입니다. 제품의 가격은 곧 소비자가 심리적으로 받아들일 수 있는 한계 비용을 뜻합니다.

반대로 다이아몬드는 희소성이 있기 때문에 1캐럿을 더 사용할 때마다 개인이 얻는 한계 효용(화려함, 돋보임, 우아함 등)이 높아집니다. 따라서 다이아몬드 1캐럿의 가격이 물과 같은 필수품보다 훨씬 비싸더라도 소비자는 기꺼이 비용을 지불하지요. 이런 이유로 다이아몬드의 가치가 물보다 훨씬 높은 것입니다.

이를 통해 우리는 사람들이 삶의 많은 부분에서 의사결정을 할 때 'A 아니면 B'라는 이분법적인 기준을 적용하지 않는다는 걸 알 수 있습니다. 그보다는 어떤 것이 더 많이 존재하거나 희소한지, 즉 한계 비용과 한계 효용 사이에서 고민하고 선택한다는 걸 알 수 있어요.

쉽게 말하면 먹는 것과 입는 것 사이에 돈을 어떻게 써야 할지 고민하고 결정하는 것과 같아요. 보통의 경우 옷만 사느라 밥을 포기하거나, 밥만 먹느라 옷을 포기하진 않아요. 그보다는 옷을 많이 사는 대신 밥을 적게 먹을지, 아니면 밥을 많이 먹는 대신 옷을 적게 살지 고민하지요. 이러한 현상을 가리켜 '한계 원리에 입각한 의사결정'이라고 합니다.

합리적 판단은
한계적 사고에서 나온다

사람들은 왜 한계 원리를 근거로 의사결정을 할까요? 이를 이해하려면 먼저 '한계margin'의 의미부터 살펴봐야겠네요.

'한계'의 사전적 의미는 가장자리, 차이, 추가를 뜻합니다. A4 용지의 경우 페이지 네 면의 가장자리가 바로 한계에 해당하지요. 그런데 경제학에서 말하는 한계란 곧 '가치'를 뜻합니다. 한계치는 새롭게 투입되는 요소나 변수에 영향을 받습니다. 다시 말하면 경제학에서 한계란 전체적으로 보았을 때 새롭게 추가된 '단위'나 '요소'로 생겨난 변화를 가리킵니다. 한계와 관련한 개념은 아주 많아요. 먼저 한계 비용은 새로운 제품, 혹은 제품의 생산량이 새롭게 추가될 때마다 일어나는 비용의 증가치를 가리킵니다. 한계 효용은 어떤 제품을 하나씩 소비할 때마다 얻는 전체적인 만족도의 변화치를 뜻하지요.

한계 주의가 등장한 후, 사람들은 의사결정을 내릴 때 이 개념을 적극적으로 활용하고 있습니다. 대표적인 예로 다음과 같은 신제품에 대한 투자 결정이 있습니다.

현재 당신이 운영하는 기업에서 신제품 개발을 기획 중이다. 시뮬레이션을 통해 제품을 개발하는 데 필요한 자금은

10억 원이며, 총 14억 원가량 매출을 달성해 4억 원의 이윤을 창출할 수 있다는 결과가 나왔다.

개발이 시작되고 8억 정도를 투자했을 때 문제가 생겼다. 전체 개발에 필요한 제품 원가가 상승해 4억 정도의 자금이 더 필요하게 된 것이다. 설상가상으로 시장에는 이미 경쟁사에서 비슷한 제품을 출시한 상태라 처음에 14억으로 예상했던 매출이 10억 원 정도로 떨어진다는 보고를 받았다.

자, 이때 당신은 어떤 결정을 내리겠는가? 그래도 제품을 계속 개발하겠는가? 이 제품을 개발하면 이윤을 남길 수 있겠는가?

먼저 원가 면에서 이 프로젝트를 분석해 봅시다. 개발에 필요한 원가는 원래 10억 원이었습니다. 그런데 이제 12억 원으로 올랐지요. 하지만 총 예상 매출은 10억 원밖에 되지 않습니다. 결국은 2억 원 정도 손해를 보는 셈이죠.

- **당초 예상 원가**: 10억 원
- **상승 후 원가**: 12억 원
- **예상 매출**: 10억 원

이렇게 보면 이 프로젝트는 실패한 기획안입니다. 그렇다면 지금 당장 제품 개발을 중단해야 할까요? 잘 생각해 봅시다. 이미 투자한 8억 원은 회수할 방법이 없습니다. 계속 개발하자니 적자가 발생하고, 그렇다고 그만두자니 역시 손해입니다. 이럴 때는 어떻게 해야 할까요?

사실 이 문제는 한계 효용의 각도에서 생각해 보면 어렵지 않게 답을 찾을 수 있습니다. 일단 계속 개발할 경우 한계 효용을 계산해 봅시다. 만일 중단 없이 제품을 계속 개발한다면 새롭게 추가 투입되는 한계 원가는 4억 원입니다. 이로써 생기는 매출 수입은 10억 원(그전까지 수입이 아예 없었으므로)이지요. 그렇다면 한계 이익은 6억 원이 됩니다. 한계 이익이 흑자로 나오는 이상 이 개발은 계속되어야 합니다.

- **추가 편성되는 한계 원가**: 4억 원
- **예상 매출**: 10억 원
- **한계 이익**: 6억 원

원가 면에서 계산한 총이익과 한계 이익의 계산 결과가 왜 이렇게 다른 걸까요? 사실 우리가 총이익을 계산할 때 적자에만 몰두한 나머지 중요한 한 가지를 빠트렸기 때문입니다. 바로 개발을 중단할 경우 기존에 투입한 8억 원은 전부 허공에 날려야 한다는 사실입니다. 그러나 개발을 계속하면 어쨌든 수익을 낼 수 있습니다. 적자는 2억 원까지 떨어지지요. 둘의 차이는 바로 한계 이익에 있습니다.

다시 말해, 계속 개발을 하면 8억 원의 적자를 2억 원까지 낮출 수 있다는 뜻입니다. 적자를 줄이는 것도 어떻게 보면 돈을 버는 것입니다. 그러므로 이 프로젝트가 전체적으로는 적자여도 결국에는 계속 개발하는 편을 선택할 수밖에 없습니다.

많은 기업이 매년 적자를 기록하면서도 계속 경영을 이어 나가는 이유가 바로 여기에 있지요. 기업은 경영 초기에 거액의 자금을 투자해 공장을 세우고 설비 등을 마련합니다. 그런데 경영을 멈춘다면 이러한 초기 투자가 모두 물거품이 되겠지요.

경영을 이어 나가면 평균 원가는 적자를 기록합니다. 그러나 손해의 일부분은 앞서 말한 설비 등 고정자산의 감가상각 비용임을 감안해야 합니다. 사실상 이는 개발이 진행되는 과정에서 새롭게 추가된 지출이 아닌 겁니다. 실제로 추가 편성되는 지출은 원자재 비용, 인건비뿐입니다. 이것이 바로 한계 비용입니다. 결론적으로 최종 소매가가 이 한계 비용을 넘어서지만 않는다면 한계 이익을 낼 수 있으므로 계속 경영해 나갈 가치가 있는 것입니다.

제품 가격은
곧 한계 비용이다

한계와 관련한 개념은 제품의 가격

과 시장 규모를 확정할 때도 사용됩니다. 다음의 예를 보며 함께 생각해 봅시다.

> 1년에 약 1만 5천 대의 자전거를 생산할 수 있는 자전거 회사가 있다. 그런데 실제 연 생산량과 판매량은 1만 대 정도다. 이 회사에서 해마다 사용하는 고정 지출은 2억 원 정도이며, 자전거 1대당 필요한 생산 원가는 2만 원이다. 현재 자전거 소매가는 5만 원이다.
> 올해 한 거래처에서 매년 5천 대씩 제품을 공급받고 싶다고 제안해 왔다. 다만 그쪽에서는 대당 3만 원의 거래 조건을 내세웠다. 당신이라면 어떻게 하겠는가?

이럴 때, 한계 비용을 활용해 가격을 따져볼 수 있습니다. 먼저 원가법으로 분석해 볼게요.

- **연 생산량**: 1만 대
- **총원가**: 고정 지출(2억 원)+1대당 생산 원가(2만 원)×연 판매량(1만 대)= 4억 원
- **총수입**: 소매가(5만 원)×연 판매량(1만 대)=5억 원
- **이윤**: 총수입(5억 원)-총원가(4억 원)=1억 원

자전거 1대당 판매가는 5만 원이고 원가는 4만 원이므로 1만 원이 남습니다. 원가는 4만 원인데 거래처에서는 대당 3만 원에 공급가를 요구했으니 대당 1만 원씩 손해를 보는 장사이므로 거래가 불가능하겠지요.

한계 비용에 근거해서 계산해 보면 어떨까요?

일단 고정자산은 제품 생산량이 늘어난다고 해서 변동이 생기지는 않습니다. 게다가 회사는 아직 5천 대를 더 생산할 여유가 있어요. 전문 설비를 추가할 필요도 없습니다. 그렇다면 자전거 한 대당 늘어나는 한계 원가는 2만 원이고 한계 수입은 3만 원입니다. 게다가 한 대씩 생산할 때마다 1만 원의 한계 이익을 얻을 수 있으니 충분히 가치 있는 거래입니다. 이렇듯 똑같은 일도 원가법과 한계 효용의 법칙에 따라 완전히 다른 결과가 나옵니다.

한계 효용은 기업의 경영 규모에도 적용할 수 있습니다. 고정자산이라는 요소 때문에 기업의 규모가 커지면 커질수록 단위당 생산비가 점점 줄어들어 이익을 낼 수 있습니다. 규모가 커질수록 고정자산에 대한 분담 비용이 감소하므로 효율성이 높아지기 때문이죠. 이렇듯 생산요소 투입량 증대에 따른 생산비 절약 또는 수익 향상의 이익을 '규모의 경제'라고 부릅니다.

그렇지만 기업이 일정 수준까지 성장하고 나면, 고정자산은 새롭게 추가해야 합니다. 규모가 커진 만큼 설비나 인프라를 새롭게 투입해야 하기 때문이죠. 아울러 이에 대한 관리비도 같이 상승하기 때문에 단위당 생산비가 증가합니다. 결국 평균을 내보면 제품당 얻는 수익이 감소하는데 이러한 현상을 일컬어 '규모의 불경제'라고 합니다. 그렇다면 이윤을 극대화하려면 기업의 경영 규모를 어디까지 키우는 것이 좋을까요?

한계 분석의 각도에서 보면 기업은 제품을 하나씩 더 생산해 낼 때마다 이익을 냅니다. 그러므로 한계 이익이 마이너스가 아니라면 규모는 계속 확장해 나가야 하겠지요. 설령 규모의 불경제로 인해 한계 이익이 하락세를 보인다고 해도 완전한 적자로 돌아서지 않는 한, 즉 새롭게 생산한 제품의 이익이 계속 줄어든다고 할지라도 일단 돈을 벌 수만 있다면 계속 규모를 확장해 나갈 수 있습니다.

그런데 신제품의 한계 이익이 '제로'로 떨어지고 추가로 생산한 제품이 더는 회사에 이윤을 안겨 줄 수 없다면 확대는 아무런 의미가 없습니다. 이 단계에서 기업 이윤은 이미 최고치에 달한 것이라고 할 수 있습니다.

정리하자면, 제품의 한계 이익이 '제로'에 도달했다면 기업이 생산해 낼 수 있는 최고치를 기록했다는 의미입니다. 그러므로 이때는 기업 규모의 확장을 멈추는 것이 좋습니다.

플랫폼 기업이
초반에 쿠폰을 남발하는 이유

온라인 플랫폼은 무료로 사용자들에게 수많은 혜택과 서비스를 제공하면서 높은 시장 가치를 확보합니다. 어떻게 그게 가능할까요? 이 문제 역시 한계 분석을 활용해 이해할 수 있습니다.

일단 온라인 기술은 소프트웨어 개발로 이뤄지기 때문에 초기 자본금은 많이 필요합니다. 그에 반해 이후의 유지 및 서비스 관리 비용은 매우 낮은 편이죠. 그래서 한계 비용이 거의 '제로'에 가깝습니다.

중국의 최대 온라인 쇼핑몰 사이트 '타오바오'를 예로 들어 볼게요. 타오바오는 사용자가 한 명씩 늘어날 때마다 추가로 투입해야 하는 비용이 아주 낮습니다. 사용자가 10만 명이 늘어난다고 해도 추가로 투입해야 하는 건 겨우 서버 하나 정도일 겁니다. 서버 하나당 가격은 매우 저렴한 편입니다. 따라서 타오바오는 규모가 커지면 커질수록 한계 비용이 '제로'에 가까워집니다. 한계 이익이 아무리 낮아도 최소한 '0만' 넘어서면 이익을 낼 수 있으므로 규모를 계속 키워 나갈 수 있습니다.

기업의 규모는 어디까지 확장할 수 있을까요? 앞서 말했던 것처럼 그 경계선은 한계 이익이 '제로'에 달했을 때입니다. 이때 비로소 이윤을 극대화할 수 있기 때문입니다. 따라서 타오바오는 한계 이익이 마이너스로 돌아서지 않는 한, 덩치를 계속 키워 나갈 수 있으며 기업 이윤 역시 지속적인 성장세를 보일 겁니다.

온라인 플랫폼들이 '사용자 트래픽'을 끌어올리기 위해 열을 내는 이유가 여기에 있습니다. 비용 측면에서 보자면 이제 막 운영을 시작한 플랫폼의 경우, 사용자 유입량을 늘리기 위해 투입하는 비용이 높은 편입니다. 쉬운 예로 고객이 회원 가입 시 쿠폰을 증정하는 것 등이 있겠죠.

트래픽이 증가하면 할수록 한계 비용은 점점 줄어듭니다. 대신 규모는 늘어나기 때문에 결국 한계 비용은 '제로'를 향해 달려가는 거죠.

그렇지만 수익에서는 정반대 현상이 나타납니다. 트래픽이 늘어날수록 이에 따라 생겨나는 수익이 많아지기 때문인데요. 수많은 온라인 기업이 초기에 소위 '돈을 태우면서' 트래픽을 끌어올리는 데 혈안이 되는 이유도 바로 이 때문입니다. 온라인 창업의 기본 논리가 뭘까요? 바로 '선 유입, 후 현금화', 즉 먼저 사용자를 늘린 다음 어느 정도 트래픽이 형성되면 자본을 현금화하는 것입니다.

사실 이것은 지금 우리가 살아가는 온라인 시대의 투자 논리이기도 합니다. 똑똑한 온라인 기업에 투자한 사람이 비용이 점점 불어나는 오프라인 기업에 투자한 사람보다 훨씬 높은 수익을 올릴 수 있습니다.

예를 들어 볼게요. 지금처럼 온라인 업체들이 성장하기 전, 중국의 가전 유통업계 가운데 손꼽히는 대표 주자는 바로 쑤닝 전기였습니다. 그런 쑤닝도 연간 매장 하나를 신규 오픈하면 고작 매장 반경 20

킬로미터 내외의 고객만 확실하게 확보할 수 있었죠. 더 많은 고객을 유치하려면 20킬로미터 반경 밖에 또 다른 매장 하나를 신규 오픈하는 방법뿐이었습니다.

하지만 알다시피 매장 하나당 감당할 수 있는 서비스 지역은 제한되어 있고 판매할 수 있는 제품 역시 제한적입니다. 대신 매장당 운영 비용은 매출이 발생할 때마다 분할 계산되므로 비교적 안정적인 한계 비용을 유지할 수 있지요.

이런 이유로 매장당 흑자를 유지하려면 판매하는 제품별로 가격 차이가 크게 나야 합니다. 그래야만 운영비를 서로 분할해 한계 이익을 '+'로 유지할 수 있기 때문이죠. 이것이 이익을 극대화하는 방법입니다.

그런데 돌연 이 업계에 징동닷컴JD.com이라는 온라인 업체가 등장했습니다. 그들이 초기에 투입한 자본은 실로 어마어마했습니다. 하지만 감당할 수 있는 사용자 수는 이론적으로는 무한대에 가까웠습니다. 이후 한계 비용이 점차 낮아지기 시작하다가 결국 '제로'에 가까워졌습니다.

이렇듯 한계 비용이 낮으면 한계 이익을 확보하기 위해서 제품별로 가격 차이가 크게 나지 않아도 됩니다. 이윽고 징동과 쑤닝의 '가격 대전'이 시작되었고, 이전과는 완전히 차원이 다른 경쟁이 펼쳐졌지요.

본격적인 '가격 대전'이 막을 열었지만 징동은 초반에 돈을 벌기 위해 애를 쓰시 않았습니다. 심지어 손해를 보기도 했지요. 그런데도 투자자들은 흔들리지 않았습니다. 징동의 한계 비용이 계속 낮아지고 있었으니까요. 일단 일정한 사용자를 확보하면 돈을 버는 건 시간 문제였고, 갈수록 수익이 나는 건 자명한 사실이었습니다.

가장 중요한 것은
한계 비용 제로

사실 '한계'의 개념은 경제학에만 국한되는 것이 아닙니다. 일상 속의 수많은 의사결정에도 이 개념을 활용할 수 있지요.

어떤 업무를 처리할 때 가장 중요한 게 뭘까요? 아마 대부분이 가장 핵심적이면서 가치 있고 도전적인 것을 우선순위로 삼을 겁니다. 그리고 주로 이런 요소에서 개인의 전문성과 역량의 차이가 드러나지요. 회사에서 가장 중요한 건 실적을 올려 회사 발전에 기여하는 것입니다. 이를 위해서는 근면 성실함도 물론 중요하지만 가장 핵심적이면서 가치 있는 요소에 에너지를 집중해야 합니다.

그런데 문제는 '가치 있는 일'이라는 게 상황 변화에 따라 얼마든지 바뀔 수 있다는 점이에요. 그리고 중요한 건 한 번 지나간 일, 이미 완료된 일은 그 중요성이 희미해진다는 사실입니다. 결국 가장 중요한 건 언제나 지금 해야 할 일, 그리고 앞으로 해야 할 일입니다. 이러한 것을 일컬어 '한계 업무'라고 부릅니다.

온라인 스토어 시스템 개발을 예로 들어 볼게요. 가장 먼저 해야 할 중요 과제는 무엇일까요? 먼저 시스템의 구조를 짜고 그것을 프로그램화한 다음 파일럿 운영을 해 보고 문제점을 개선하는 것입니다. 그다음 순서가 그것을 상용화하여 본격적으로 운영하는 일입니다.

그런데 만일 가장 중요한 업무, 즉 앞으로의 '한계 업무'가 무엇인지 잘 이해하지 못한 상태에서 작업에 착수해 버리면 핵심 부분에 에너지를 집중할 수 없습니다. 그럼 이후에 어떤 문제가 생길까요?

온라인 스토어 시스템 개발이 막바지에 들어가면 본격적으로 상용화할 준비에 들어가야 합니다. 이를 위해 해당 홈페이지의 사용 매뉴얼을 기획하고 디자인해야 해요. 아마도 이 작업은 전체 시스템 개발 과정에서 아주 소소한, 일부에 해당할지 모릅니다. 그렇다고 이 과정을 간과하고 대충대충 지나가면 소비자들은 구멍투성이인 매뉴얼을 사용하게 되지요. 그럼, 시스템을 아무리 잘 만들었다고 해도 사용자 유입량을 늘릴 수 없고 결국에는 아무도 쓰지 않는 온라인상의 '쓰레기'로 전락합니다.

안타깝게도 정말 많은 사람이 기존의 습관과 타성에 젖어 이미 정해진 '핵심 업무'를 그대로 따르려고만 합니다. 그래서 수시로 변하는 앞으로의 동적인 변화, 즉 '한계 업무'를 간과하거나 심지어 보고도 못 본 척 지나치는 실수를 저지르지요. 그러고는 하나도 중요하지 않은 일 때문에 손해를 보았다고 억울함을 토로합니다. 이런 상황이 지속되면 결국 그들은 정말로 '중요한 일'에 집중하지 못합니다. 아무리 능력이 뛰어난 사람일지라도 점점 빛을 발하기 어려워집니다.

따라서 우리는 수시로 변하는 업무의 '한계 변화'에 적극적으로 대응하고 적응해야 하며 이로써 자신의 한계 비용을 낮추는 데 최선을 다해야 합니다. 물론 누군가는 '뿌린 대로 거둔다'는 옛말처럼 뭐든지 최선을 다해 노력하기만 하면 먹고살 수는 있다고 말합니다. 하지만 오늘 열심히 노력했다고 그것이 내일 당신에게 풍성한 보상으로 돌아오리라는 보장은 없습니다. 이것은 노점에서 장사하는 장사꾼도, 의류매장을 운영하는 점장도, 농사를 짓는 농부도, 직장에 다니는 회사원도 모두 동일합니다.

만일 당신의 한계 비용을 낮추지 못하면 아무리 부지런해도 소용이 없습니다. 단순히 근면과 성실함으로만 부를 축적할 수 있었다면 매일 똑같은 시간에 똑같은 공정 라인에서 똑같은 업무를 반복하는 근로자들이 세상에서 가장 큰 부자가 되어야 합니다.

동일한 시간에 에너지를 집중해 더 많은 제품을 팔 수 있다면 한계 비용을 절감할 수 있습니다. 규모가 커질수록 당신이 쏟아붓는 에너지가 줄어들면 그만큼 당신의 수입은 늘어날 것입니다.

온라인 발전의 훈풍을 타고 판매 루트를 온라인으로 옮긴 뒤 성공적인 영업 체제를 구축한다면 이후 판매량은 지속적으로 늘어날 겁니다. 동시에 끊임없는 노력과 학습으로 지식을 축적하면 당신의 한계 능력과 한계 가치를 끌어올릴 수 있습니다.

3장

'싼 게 비지떡'이라는 말이 있다
저렴한 물건만 선호하는 당신을 위한 조언!

가격은 어떻게 결정될까?

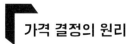 **가격 결정의 원리**

저는 사건의 앞뒤 맥락을 따져 이해하는 걸 좋아하는 이성적인 사람이에요. 한번은 친구들과 이야기를 나누던 중, 마트에서 판매하는 딸기와 산지 가격이 왜 그렇게 차이가 나는지 설명할 기회가 생겼어요.

"딸기농장 같은 데 체험 가본 적 있어? 사실 산지에서 파는 딸기는 굉장히 저렴하잖아. 그런데 마트에서 파는 딸기 가격은 그것의 몇 배는 한단 말이야. 똑같은 과일인데도 사과나 귤은 그렇지 않잖아?"

친구들은 모두 고개를 갸웃거리며 빨리 그 이유를 알려달라는 듯 저를 바라봤어요.

"이유는 간단하더라고. 딸기는 신선도 유지가 굉장히 어렵대. 돈을 많이 들여서 콜드체인* 방식으로 운반해도 하루 이틀이 지나면 제아무리 신선한 딸기도 부패가 시작된다더라고. 1톤을 수확해도 최종적으로 마트에서 판매되는 딸기는 절반도 안 된대. 모두 신선도 문제로 버려지나 봐. 그러니까 마트 딸기 가격이 자연스럽게 산지보다 훨씬 비싸지는 거지. 반면 사과나 귤은 신선도 이슈가 없고 저장 기간도 긴 편인 데다가 쉽게 모양이 망가지는 과일이 아니라서 산지 가격과 큰 차이가 없는 거야."

친구들은 그제야 궁금증이 풀렸다는 듯 고개를 끄덕였어요. 정말 뿌듯한 하루였죠.

상품 가격을 내린다고
다 잘 팔리는 건 아니다

상품의 가격 이면에는 각종 정보가 숨겨져 있어요. 제품을 소비할 때 어떤 것은 늘 비싼 반면 어떤 건 같은 종류라도 저렴한 이유가 바로 그 때문이에요.

상품의 가격 결정 체계를 이해하면 그 이면에 숨겨진 수많은 정보를 읽어낼 수 있습니다. 그러면 물건을 살 때 어떤 것에 돈을 조금 더 써도 되는지, 어떤 것이 진짜 가성비가 좋은지 이해할 수 있어요.

제품의 가격은 어떻게 결정될까요? 경제학 원리에 따르면 가격은

---

* 콜드체인: 농산물 등의 신선식품을 산지에서 수확한 다음 최종 소비지까지 저장 및 운송되는 과정에서 온도를 저온으로 유지하여 신선도와 품질을 유지하는 시스템.

시장의 공급과 수요에 따라 정해집니다. 공급이 수요보다 부족하면 가격은 올라가고, 공급이 수요보다 많으면 가격은 떨어지지요.

이론적으로 소비 수준이 안정적인 상황에서 시장에 유통되는 상품 A의 가격이 높으면 높을수록 그에 대한 소비자의 수요는 줄어듭니다. 그러면 소량만 구매하거나 아예 구매하지 않고, 혹은 다른 상품으로 대체하는 현상이 일어나지요. 반대로 가격이 저렴할수록 수요가 늘어나서 다른 상품을 포기하더라도 A를 구매하려는 경향이 나타납니다.

그렇다면 가격이 저렴할수록 많이 팔 수 있다는 얘긴데 이 원리를 모든 상품에 다 적용할 수 있을까요?

이를 이해하기 위해서는 먼저 '가격탄력성Price Elasticity'의 개념을 알아두는 것이 좋습니다. '가격탄력성'이란 '가격이 1% 변할 때 수요량은 몇 % 변하는지 절대치로 나타낸 크기'입니다.

공급과 수요는 가격 변동과 직결됩니다. 따라서 '가격탄력성'에는 가격이 변할 때마다 나타나는 수요와 공급의 변화가 그대로 반영되지요. 그래서 다른 말로 '수요의 가격탄력성'과 '공급의 가격탄력성'으로 부르기도 합니다. 구체적으로는 다음과 같은 세 가지 경우로 나눕니다.

· 탄력성이 1인 경우(가격탄력성=1)

판매량의 상승 및 가격의 하락 폭이 상대적으로 낮은 편이다.

· 탄력성이 0~1 사이인 경우(가격탄력성<1)

제품 가격이 상승할 때 이로 인한 수요의 감소가 제한적이고 총수익은 늘어
난다. 반면 가격이 하락할 때 나타나는 수요의 상승도 제한적이며 총수익은
줄어든다. 이러한 종류의 제품들은 수요가 비탄력적이라고 하거나 가격에
민감하지 않다고 말한다.

· 탄력성이 1 이상인 경우(가격탄력성>1)

가격이 상승한다는 의미로, 이로 인해 수요가 대폭 하락해 총수익도 줄어든
다. 반면 가격이 하락하면 수요가 대폭 늘어나 총수익도 상승한다. 이러한 제
품을 가리켜 수요가 탄력적이라고 하거나 가격에 민감하다고 말한다. 많이
팔수록 돈을 많이 버는 박리다매는 이렇게 가격에 민감한 제품에 적합하다.

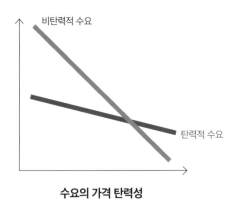

수요의 가격 탄력성

설명이 좀 어려운가요? 걱정하지 마세요. 이론은 언제나 어려운 법이거든요. 이해를 돕기 위해 실생활을 예로 들어 볼게요. 가격에 민감하지 않은 제품은 대부분 생활필수품이에요. 가격이 높든 낮든 생활을 유지하려면 어쨌든 사용해야 하기 때문이죠. 대표적인 예가 소금입니다. 소금은 이윤이 높은 품목 중 하나입니다. 왜일까요? 바로 대체품이 없기 때문이에요. 그래서 아무리 가격이 상승한다고 해도 결국 구매할 수밖에 없죠.

이어서 필수품이 아닌 걸로 예를 들어 볼까요? 이 경우 대부분 대체품이 존재하기 때문에 가격탄력성이 큰 편입니다. 돼지고기가 대표적이에요. 돼지고기 가격이 오르면 소비자들은 어떻게 할까요? 닭고기나 소고기 같은 다른 육류 제품을 구매하죠. 그러다가 다시 가격이 내려가면 돼지고기를 구매하기 시작합니다.

그래서 판매자는 가격탄력성이 적은 제품의 가격을 높게 설정하는 경향이 있어요. 가격의 높고 낮음에 상관없이 소비자들은 늘 제품이 필요하고, 가격이 높을수록 이윤이 더 높기 때문입니다. 반대로 시장 경쟁이 치열하고 가격탄력성이 큰 제품의 판매자는 박리다매를 통해 더 많은 소비자를 끌어들이려는 경향을 보입니다.

가격을 결정하는 또 다른 요소,
품질

지금까지 제품의 가격탄력성, 수요와 공급의 원리에 따라 상품 가격이 결정된다는 사실을 알아보았습니다. 그렇다면 가격 결정에 영향을 미치는 요소가 그 외에 또 있을까요? 그렇습니다. 바로 제품의 '품질'입니다. '품질 노선'을 선택하는 판매자는 저렴한 가격을 포기하고 최고의 품질로 승부를 보려 합니다. 대표적인 예가 의약품입니다. 그중에서도 특히 신약, 특수 약품이 이에 해당합니다.

영화 〈나는 약신이 아니다〉가 상영된 후 '의약품 가격'에 관한 사회적 의구심이 제기됐어요. 대중은 제약회사들이 특허라는 무기를 내세워 시장을 독점하고 가격을 비싸게 책정하는 것이 아니냐는 비난을 퍼부었습니다. 하지만 사람들이 한 가지 간과한 것이 있었죠. 영화에서는 제약회사의 이윤에 관해서만 다루었을 뿐, 약품에 들어가는 가장 큰 비용, 즉 연구 개발 비용에 관해서는 다루지 않았거든요.

세계적인 스위스 제약회사 로슈홀딩Roche Holding이 발표한 통계에 따르면 모든 신약의 연구 개발에는 '1010 법칙'이 적용됩니다. 신약이 개발될 때마다 '10억 달러(혹은 그 이상)'의 비용과 '10년(혹은 그 이상)'의 시간이 소요된다는 뜻입니다. 새로운 바이러스 병원체의 발견에서부터 최종 약품을 출시하기까지 수백 혹은 수천 명의 과학자가 노력해야 하고 셀 수 없이 많은 연구 개발 실패와 투자금이 필요합니다.

아는 사람은 알겠지만, 이 영화에 등장하는 항암 약품은 사실 다국적 제약업체 노바티스의 백혈병 치료제 글리벡^{Gleevec}을 지칭합니다. 해당 약품은 최초 연구에 착수해 시장에 출시되기까지 약 50년이 걸렸습니다. 효과 있는 약물 하나를 개발하는 것이 얼마나 힘든지 알 수 있는 대목이죠. 특정 치료 효과를 실현하려면 천문학적인 연구 비용이 투입되어야 합니다. 따라서 이러한 종류의 제품 가격을 절대 저렴하게 책정할 수가 없습니다.

코로나19 백신도 마찬가지입니다. 2021년, 미국은 세계무역기구 WTO의 '코로나19 백신 지적재산권 면제 합의'를 지지한다고 밝혔습니다. 이로써 전 세계에 백신을 효과적으로 널리 보급해 코로나19로 인한 팬데믹을 하루빨리 종료할 수 있기를 희망했습니다.

지적재산권을 면제한다는 건 결국 다른 제약회사들도 관련 복제 백신을 제조할 수 있도록 허가하여 특허 침해와 관련한 소송에 대해 우려하지 않아도 된다는 의미입니다. 그러나 미국의 이러한 태도는 아스트라제네카와 존슨앤드존슨, 화이자 등 백신을 생산하는 주요 제약회사들의 강한 반발에 부딪혔고 유럽연합 역시 반대 의사를 표명했습니다.

왜 그럴까요? 백신은 연구 개발 난이도가 상당히 높고 어마어마한 규모의 자금 투입이 필요하기 때문입니다. 화이자의 대표는 코로나 백신과 관련한 인프라 구축부터 시작해 연구 개발에 투자한 비용이 20억 달러에 달했다는 내용을 공개 서신을 통해 밝힌 바 있습니다.

심지어 이는 백신 개발의 결과가 명확히 나오기도 전이었어요. 2021년에 그들이 총 지출한 비용은 100억 달러가 넘는 것으로 드러났습니다.

지적재산권에 대한 보호가 부족하면 제약회사들의 연구 개발 동력이 대폭 감소할 수밖에 없습니다. 더 중요한 건 자금 조달에 문제가 일어날 수도 있다는 점이지요. 계속해서 변이 바이러스가 출현하는 상황을 고려한다면 활발한 연구 개발이 이뤄질 수 있도록 제조업체들에게 자금과 특허 방면에서 더 충분한 보호 장치를 마련할 필요도 있습니다.

그 밖에도 원료나 공예 기술로 인해 비용이 천정부지로 올라가는 제품도 있습니다. 원료나 공예 기술은 단순히 육안으로는 분간해 내기 어렵습니다. 소위 모조품과 정품을 언뜻 봐서는 구별하기 어려운 것처럼 말입니다. 하지만 많은 경우 보이지 않는 내부의 디테일이 제품의 본질을 차별화하고 그 가치를 결정합니다.

또 다른 예로 화장품을 들어 볼게요. 사실 대부분 화장품의 원료 자체는 그리 비싸지 않은 편입니다. 그렇다면 큰 차이는 어디에서 올까요? 바로 각종 특허 성분입니다. 우리가 잘 아는 유명 화장품 브랜드들은 자체적으로 독자적인 원료를 사용합니다. 프로자일렌, 4-MSK나 피테라 등이 그것이지요.

P&G의 니코틴산 아미드, 존슨앤드존슨의 레티놀, 샹테카이의 치자꽃 추출물 등 유명 브랜드들은 자신만의 독자적인 특허 성분을 활

용해 피부 자극을 줄이고 효능을 높인 제품을 만들어 냅니다. 이것이 바로 유명 뷰티 브랜드가 일반 브랜드와 차별화되는 포인트입니다.

특허 원료를 제외하면 다른 부분에서는 사실 큰 차이가 없습니다. 하지만 화장품에서는 가장 일반적인 원료라 할지라도 제품별로 그 사용 방법이 각기 다르지요. 미네랄오일을 예로 들어 볼게요. 아마 이 성분의 이름을 어디선가 한 번쯤은 들어보았을 겁니다. 미네랄오일은 자외선 차단성이 굉장히 강하고 보습 능력이 뛰어납니다. 그렇지만 화장품 관리부처에 등록된 문서나 화장품 제품설명서에 '미네랄오일'이라고 적혀 있어도 대부분의 소비자는 이 성분이 어디에서 온 것인지, 누가 생산하는 것인지 잘 알지 못합니다.

소듐 하이알루로네이트(히알루론산)도 화장품에 흔히 사용되는 원료지만 분자의 크기가 달라서 이를 세분화하면 종류가 수없이 많아집니다. 그중에서 구체적으로 어떤 성분을 채택해서 화장품을 만드는지 소비자들은 잘 알지 못하지요.

그렇지만 원료의 출처가 다르면 품질 역시 차이가 나고 이것은 가격에 그대로 영향을 줍니다. 그래서 대형 브랜드는 성분에 연연하기보다 더 좋은 제품을 만들기 위해 힘쓰지만, 중소형 브랜드는 비용을 줄이기 위해 조금 더 낮은 등급의 원료를 사용할 수밖에 없습니다.

생산 기술에서도 역시 차이를 보입니다. 실험실에서의 샘플(g 단위)을 시제품으로 생산(kg 단위)해 내는 과정은 생각처럼 간단하지 않아요. 게다가 생산량이 많아질수록 이 과정의 난이도는 점점 높아집니다.

핸드크림이나 보디크림 같은 케어 제품을 예로 들어 볼게요. 실험실에서 연구한 샘플을 시제품으로 생산할 때 가장 중요한 것은 바로 정확한 비율에 맞춰 원료를 혼합하는 것입니다. 정제수와 오일 등의 원료를 정확한 비율로 잘 배합해야만 효과적인 제품이 탄생하기 때문이지요. 결국 케어 제품의 본질은 혼합인데 원료를 균형 있게 혼합하려면 믹스 공정이 정말 중요합니다.

예전에 같이 일했던 파트너 중에 해외 화장품 OEM 사업을 하던 친구가 있었습니다. 커리어를 조금 더 쌓고 싶었던 그는 하던 일을 그만두고 정부지원사업에 지원해 작은 화장품 공장의 기술 총괄로 가게 되었어요. 국산 제품의 품질을 향상하고 싶었던 그는 공장 측에 원료 배합과 관련한 기술을 업그레이드하기 위해 자금 투입을 요청했지만 단칼에 거절당했습니다.

"우리는 그렇게 복잡한 프로세스 같은 건 필요 없습니다. 원료야 한데 같이 넣고 그냥 끓이면 되는 거 아닙니까? 다른 데도 다 그렇게 해요. 너무 복잡한 건 못 합니다. 단순하게 가자고요. 그리고 직원 교육이요? 참나! 아직 여길 잘 모르시는 것 같은데, 오늘 나와서 일하다가 내일부터 갑자기 연락을 끊어 버리고 잠수 타는 게 여기 사람들이에요. 그런 사람들에게 무슨 교육입니까?"

시장에 출시된 화장품들은 겉으로 보기엔 다를 게 없어 보입니다. 성분 역시 대동소이합니다. 그렇지만 핵심 원료와 생산 공정이 달라지면 결국 품질에서 차이를 보이게 됩니다. 한두 번 사용해서는 잘 모를 거예요. 하지만 시간이 길어질수록 얼굴과 피부에 그 차이는 명확히 드러날 겁니다.

희소할수록
가격은 올라간다

수요가 높은 제품이라고 무조건 많이 팔리는 건 아닙니다. 그보다는 해당 제품의 자원이 희소성이 있는지 없는지가 더 중요합니다. 한정적인 자원 때문에 구조적으로 많이 팔 수 없는 제품들도 있거든요.

공기를 한번 생각해 봅시다. 공기는 모든 사람에게 꼭 필요합니다. 숨을 쉬지 않고 살 수 있는 사람은 없으니까요. 그런데 왜 공기는 공짜일까요? 공기는 희소성이 없습니다. 평소에 모든 사람이 어떠한 비용도 들이지 않고 이용할 수 있는 게 바로 공기입니다. 그래서 아무리 수요가 많아도, 삶에 꼭 필요한 필수품이라도 비싼 값에 팔려 나가지 않습니다.

그렇지만 희소성 때문에 소수의 사람에게 비싼 가격에 팔리는 제품이 있습니다. 대도시의 아파트는 지방 도시에 비해 훨씬 비쌉니다. 특히 한강 주변에 위치한 아파트 시세는 믿기 힘들 정도로 비쌉니다.

왜일까요? 한강 주변에 개발할 수 있는 아파트의 수가 제한적이기 때문이에요. 누구라도 '한강 뷰'의 아파트에 들어가 살 수 있는 게 아니라는 말이죠. 그래서 사람들은 그곳만의 풍경과 정취를 누리기 위해 기꺼이 많은 돈을 지불하는 겁니다.

자원도 제한적인데 거기에 기술까지 더해지면 그야말로 부르는 게 값이 됩니다. 가령 특정 해양 동물의 심장동맥에서 채취할 수 있는 원료가 있습니다. 하지만 매년 채취할 수 있는 원료의 양도 제한적인데 그 기술을 가진 기업도 세상에 몇 되지 않는다면 어떨까요? 해당 원료를 사용해서 만든 제품은 극소수의 사람들만 소비할 수 있을 거예요. 그럼 이 원료의 가격은 높게 측정될 수밖에 없겠지요.

비쌀수록
잘 팔리는 물건이 있다?

읽다 보니 비싼 물건을 사라고 장려하는 것 같습니다. 그런 의도는 아니었는데, 그것 때문에 반감이 생겨 비싼 물건을 더 사지 않으려는 독자들이 있을지도 모르겠어요.

그렇지만 비쌀수록 잘 팔리는 물건이 실제로 존재합니다. 가격이 오르면 오를수록 수요가 늘어나는 제품들을 가리켜 경제학에서는 '기펜재Giffen Goods'라고 합니다. 물론 실생활에서 '기펜재'가 그렇게 많은 건 아닙니다. 부동산, 예술품, 사치품 같은 특수 재화들이 이에 해당합니다.

그렇다면 '기펜재'는 앞서 얘기했던 가격탄력성과는 맞지 않습니다. 가격은 수요에 따라 결정되는 거라고 했는데, 어째서 이렇게 '역수요 법칙'의 특성을 지닌 재화가 나타나는 걸까요? 사치품을 예로 들어 볼게요.

첫째, 사람들이 사치품을 사는 이유는 심리적 만족과 자아실현을 위해서입니다. 예부터 사치품은 높은 생활수준과 신분의 상징으로 자리 잡았습니다. 이렇듯 독특한 사람들의 기호와 심리를 만족시키려면 가격이 높을수록 그 가치가 높아집니다. 누구나 다 쉽게 소비할 수 있는 제품으로는 이러한 조건을 충족할 수 없기 때문이죠. 사치품의 가격이 오르면 오를수록 살 수 있는 소비자는 줄어드는 대신 그 효용성에 대한 평가와 만족감은 높아집니다. 그래서 구매 의사도 적극적으로 변하지요.

둘째, 구매 특성상 사치품은 단순 소비재라기보다는 투자 대상에 속합니다. 사치품은 사람들의 기본적인 생존을 책임지기 위해 존재한 적이 단 한 번도 없습니다. 게다가 통상적으로 오랜 기간 보존이 가능(보석, 시계, 그림, 예술품 등)해서 투자의 성격이 더 강합니다. 사치품은 가격이 오를수록 투자 가치가 있다는 걸 증명하므로 비쌀수록 사람들의 인기를 얻는 것이죠. 대도시에 있는 부동산 가격이 오를수록 사람들이 열광하는 이유도 여기에 있습니다.

셋째, 당장은 너무 고가인 것 같아도 부가적인 가치가 계속 증가하기 때문에 평균적으로 따지면 오히려 이득입니다. 예를 들어 고속열차 티켓 요금은 일반열차에 비해 비쌉니다. 그런데도 왜 사람들은 고속열차를 선호할까요? 비싼 만큼 시간을 절약할 수 있고 그 시간에 다른 일들을 할 수 있기 때문이지요.

그 밖에 비싼 돈을 들인 만큼 삶의 질을 끌어올릴 수 있는 재화도 있습니다. 최근 큰 인기를 얻고 있는 항노화 영양제 NAD+가 대표적 예입니다. 만일 알려진 것처럼 정말 해당 영양제를 통해 DNA를 회복해 노화 속도를 지연시킬 수 있다면, 소비자는 아름다움을 유지하기 위해 기꺼이 비싼 돈을 계속 지불할 겁니다.

4장

충동적으로 물건을 샀다가 매번 후회하는 당신,
가격의 함정을 깨부숴라

어떻게 충동 구매의 굴레에서
벗어날 수 있을까?

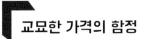 교묘한 가격의 함정

안녕하세요. 제 이름은 웬디입니다. 저는 그야말로 '소비왕'이에요. 꼭 필요하지 않은 물건인데도 늘 참지 못하고 돈을, 그것도 아주 많이 써야 직성이 풀리거든요.

며칠 전에도 한 매장에 갔다가 결국 할인행사에 혹해 계획보다 돈을 더 쓰고 말았어요. 원래는 원피스 하나만 살 생각으로 들렀는데, 계산하려는 찰나에 '두 벌 20%, 세 벌 50% 할인' 문구가 눈에 들어오는 거예요. 그냥 지나치면 어쩐지 손해라는 생각에 결국에는 별로 마음에 들지도 않는 옷을 두 벌 더 골라 세 벌을 샀습니다.

새해에는 다이어트를 결심하고 헬스장 연간 회원권을 끊었다가 서너 번 가고는 시들해져 버리기도 했어요. 두 달 정도가 지나서는 개인 사물함

열쇠까지 잃어버리고 말았죠.

정말 이런 나쁜 소비 습관을 고치고 싶어요. 어떻게 해야 할까요? 도와

주세요.

가격 책정의 비밀 1:
소비자 잉여

쇼핑을 좋아하는 사람들 중에는 충
동적으로 구매했다가 나중에 후회하는 경우가 많습니다. 그 당시에
는 정말 필요할 것 같아서, 정말 유용하게 쓸 것 같아서 거금을 들여
장만했는데, 얼마 지나지 않아 집 한쪽 구석에 쌓아 두고 방치합니
다. 심지어 본인이 그 물건을 샀다는 것조차 잊어 버려요. 다시는 그
러지 않겠다고 결심하지만, 얼마 지나지 않아 또다시 뭔가에 홀린 듯
돈을 쓰고 있는 자신을 발견하면 '혹시 내가 사기를 당한 거 아닌가?'
하는 착각이 들기도 합니다. 그들은 찰나의 순간에 이성을 잃고 충동
적으로 구매했다고 생각하지만 사실 여기에는 판매자들의 교묘한 상
술이 숨겨져 있습니다.

새해에 굳은 결심을 하고 헬스장을 끊었지만 몇 번 가지 않고 끝나
버린 일, 다이어트를 결심하고 산 닭가슴살을 몇 번 먹지도 않고 냉
동실에 오랫동안 처박아 둔 일, 외국어 공부 좀 해 보겠다고 인터넷
강의를 끊었다가 몇 번 하지도 않고 흐지부지된 일…. 다시는 이런

일을 반복하고 싶지 않은데 답을 찾지 못해 한숨만 쉬고 있을 당신에게 좋은 소식이 있어요. 경제학 속에 그 답이 숨어 있습니다.

설 연휴에 가족들을 만나러 홍콩에 갔다가 오랜만에 친구를 만나 함께 식사를 했습니다.

"야! 정말 오랜만이다. 잘 지냈지? 요즘 코로나 때문에 비행기에 사람 별로 없지?"

"응, 스무 명? 서른 명 정도 같이 타고 온 거 같아. 다들 서로 멀찍이 떨어져서 앉았고."

"그래도 좋은 점은 있지 않아? 그렇게 승객이 없으면 티켓은 별로 안 비쌀 거 아냐."

"무슨 소리! 오히려 예전보다 20% 정도 올랐어."

"사람도 없는데 가격이 올랐다고? 그럼 이용객이 더 줄어드는 거 아니야? 나 같으면 안 타고 만다."

알다시피 비행기는 한 번 운행할 때마다 들어가는 비용이 거의 고정적입니다. 항공사 입장에서는 최대한 많은 승객을 확보해야 더 많은 수익을 올릴 수 있지요. 그래서 여행 비수기나 사람들이 별로 선호하지 않는 시간대에 편성된 항공편의 경우 가격 할인 같은 판촉을 통해 승객을 확보하려고 노력합니다. 특히 이륙 시일이 가까울수록 티켓 요금은 더욱 낮아지지요. 심지어 티켓 요금을 원가보다 낮게 책정해서라도 우선 많은 승객을 유치하는 것이 이득입니다.

그런데 팬데믹과 같은 특수한 상황에서는 어떻게든 방법을 써서 더 많은 승객을 확보해야 할 텐데 왜 그렇게 하지 않는 건가요? 어째서 오히려 가격을 더 올리는 걸까요? 그러면 승객이 더 줄어들지 않을까요?

먼저 가격이 내려가면 승객이 몰리는 이유를 알아봅시다. 소비자들 가운데는 가격에 민감한 유형이 있습니다. 우리가 앞에서 살펴보았던 가격탄력성에 예민한 사람들입니다. 그들은 여행의 여부를 가격에 따라 결정합니다. 비행기가 아닌 다른 교통수단을 선택할 수도 있지요. 다시 말해 비행기 티켓 요금이 올라가면 여행을 포기하거나 기차 등 다른 수단을 활용하고 가격이 내려가면 갑자기 여행을 떠나기도 하는 겁니다. 그러니까 가격 할인 행사는 이러한 소비 성향을 가진 승객들을 끌어들이는 데 효과적입니다.

그런데 팬데믹처럼 특수한 상황에서는 예외입니다. 일단 국경을 넘어 여행하는 데 엄청난 위험 부담이 있습니다. 따라서 정말로 위급하거나 필요한 상황이 아니라면 섣불리 떠나기가 어렵습니다. 그래서 아무리 티켓 요금이 내려간다고 해도 선뜻 구매하는 사람이 없는 것입니다.

결국 이럴 때 여행을 가는 사람은 '필수 수요'가 있는 사람들입니다. 그들은 요금이 내려가거나 올라간다고 해서 일정을 조정하지 않습니다. 그럼 항공사 입장에서는 어떻게 하는 것이 좋을까요? 오히려 가격을 올려서 더 큰 수익을 올려야 합니다.

그렇다면 항공사는 무엇을 근거로 가격의 변동 범위와 시기를 정할까요? 이것을 이해하기 위해서는 '소비자 잉여Consumer's Surplus'라는 개념을 알아야 합니다.

소비자 잉여란 '소비자가 어떤 재화나 서비스에 대해 지불할 용의가 있는 최대가격과 실제 지불한 가격 간의 차이'를 말합니다. 쉬운 말로 소비자가 얻는 순수익, 순 혜택을 의미하지요.

같은 재화라고 해도 소비자들은 각자 지불하고자 하는 가격이 다릅니다. 판매자는 수익을 올리기 위해 소비자의 심리적 기대를 만족시켜야 하므로 최대한 소비자 잉여라는 수단을 활용하는 것이죠.

제 경험을 이야기하면, 설 연휴를 가족들과 보내기 위해 홍콩에 가야 했고, 연휴가 끝난 뒤에는 출근을 위해 다시 집에 돌아와야만 했습니다. 이것은 저에게 변하지 않는 '필수 수요'였습니다. 이를 위해 저는 정상 가격보다 훨씬 더 높은 비용을 지불해서라도 비행기 티켓을 구매할 의향이 있었습니다. 그래서 평소보다 20% 정도 가격이 비싼데도 기꺼이 받아들일 수 있었던 것이지요.

그런데 판매자가 팬데믹처럼 불안정한 시기에 저 같은 소비자들의 지불 용의를 파악하지 못하고 기존 가격 그대로 티켓을 판매한다면 어떨까요? 승객은 본래 저처럼 '필수 수요'가 있는 그 사람들에서 조금 늘어나거나 오히려 줄어들 수 있습니다. 그러나 요금을 20% 인상하면 소비자들에게는 그것이 소비자 잉여로, 항공사에는 적당한 이윤으로 돌아오는 것이지요.

한편 소비자들은 개인별로 제품에 대한 지불 의향이 각기 다릅니다. 그래서 판매자는 가격에 따라 등급을 달리하는 정책을 취하기도 하는데요. 비행기의 경우 요금에 따라 퍼스트, 비즈니스, 이코노미 클래스로 등급을 나눕니다. 같은 시간, 같은 거리를 비행하더라도 티켓 요금이 다른 것은 모두 소비자 유형별로 소비 패턴과 지불 의향이 다르기 때문이죠.

이것은 시기별로도 똑같이 적용됩니다. 소비자들은 같은 제품이라도 시기별로 지불 의향이 다르기 때문에 판매자는 이를 활용해 성수기와 비수기로 나누어 요금을 책정합니다. 설 연휴에는 따뜻한 휴양지의 숙박 및 서비스 요금이 평소의 몇 배에 달합니다. 추위를 피해 따뜻한 곳에서 휴양하려는 사람들이 기꺼이 그만큼의 요금을 지불하기 때문이죠.

소비자 잉여는 시기별, 개인별로 다르게 나타나기도 하지만 똑같은 시간대, 똑같은 장소, 똑같은 제품에서도 완전히 다른 지불 의향이 나타납니다. 왜냐하면 똑같은 제품이 소비자들에게 주는 심리적 만족, 즉 '한계 효용'이 줄어들기 때문입니다. 그 영향으로 소비자의 지불 의향 역시 감소하는데 다른 말로 하면 이는 판매자가 활용할 수 있는 소비자 잉여도 함께 줄어든다는 뜻입니다. 그렇다면 판매자는 세상에 단 하나뿐인, 독창적인 제품만 판매해야 최고의 소비자 잉여를 창출할 수 있을까요?

물론 그렇지는 않습니다. 판매자가 추구하는 것은 이익의 극대화입니다. 결국 그런 의미에서 보자면 판매자는 소비자가 제품에 따라 보이는 지불 의향에 근거해 가격을 책정합니다. 즉, 소비자가 제품에 대해 지불하고자 하는 가격이 원가보다 비쌀 때 비로소 판매자의 이익이 늘어나는 것입니다.

앞서 질문자의 고민으로 돌아가 볼게요. 질문자는 원래 20만 원 정도 하는 원피스 한 벌을 사려고 매장을 방문했습니다. 고심 끝에 마음에 드는 원피스를 골랐고 가격도 생각했던 예산과 들어맞았습니다. 그런데 이때 매장 직원이 다가와 "20만 원을 더 내고 원피스 한 벌을 더 구매하시겠어요?"라고 물었습니다. 그러면 당신을 뭐라고 할까요? "아니에요. 한 벌이면 충분해요."라고 말하지 않았을까요?

그렇다면 소비자가 옷을 더 구매하게 하려면 직원은 어떻게 해야 할까요? 맞습니다. 원래 사려고 했던 옷이 추가 구매를 통해 할인 적용을 받는다면 지갑을 열게 되는 것이죠. '두 벌 구매 시 20%, 세 벌 구매 시 50%' 할인과 같은 판촉이 그래서 등장하는 것입니다.

이것이 바로 판매자들이 활용하는 판촉의 마법입니다. 원래 원피스 한 벌만 구매하려고 했던 질문자에게 두 벌, 세 벌의 옷은 사실 큰 의미가 없었고 딱히 구매 의향도 없었죠. 하지만 판매자는 한 벌이라도 더 많이 팔아야 합니다. 그래서 최대한 소비자의 지불 의향을 파악해서 그에 맞게 가격을 책정하죠. 그 결과 소비자는 상술에 넘어가

서슴없이 지갑을 열게 됩니다. '소비자 잉여'는 이런 식으로 활발히 활용됩니다.

가격 책정의 비밀 2: '미끼 상품'의 함정

전셋집을 구하기 위해 주말에 부동산 중개인과 약속을 잡고 집을 보러 다녔다. 중개인은 당신이 원하는 예산에 맞춰 세 군데를 골라놓고 함께 투어를 시작했다.

첫 번째 보러 간 집은 인테리어를 새로 한 지 얼마 되지 않아 마음에 들었지만, 가격이 지나치게 높았다. 두 번째 보러 간 집은 가격은 괜찮았지만, 인테리어가 조금 오래되었다. 특히 바닥이 너무 낡아 해진 곳이 많았다. 세 번째로 본 집은 가격이나 인테리어는 두 번째 집과 비슷했지만, 집주인이 얼마 전에 바닥 공사를 해서 깔끔했다.

자, 당신이라면 어떤 집을 선택하겠는가?

아마 대부분은 첫 번째 집을 포기할 겁니다. 비싸기 때문입니다.

두 번째 집과 세 번째 집의 상태나 가격이 대체로 비슷한 상황이라면 거의 모든 사람이 세 번째 집을 고를 겁니다. 가성비가 훨씬 높고 특히 얼마 전에 바닥 공사를 새로 했으니, 인테리어에 따로 손댈 일이 없기 때문이죠.

이렇게 몇 가지 옵션을 비교하면 선택이 보다 쉬워집니다. 그리고 자신도 정확하고 올바른 선택을 했다고 믿게 됩니다. 여러 조건을 비교하고 결정한 일이기 때문이죠.

비록 전세 시세를 전혀 모르던 사람이라고 해도 이렇게 몇 집을 돌아보고 비교하고 나면 마음속으로 하나의 기준을 세우게 됩니다. 그리고 다시 비교를 통해 더 나은 옵션을 선택하게 되지요.

세 집 중에서 세 번째 집이 가성비가 높은 건 확실합니다. 그리고 다른 사람들도 그렇게 생각합니다. 그럼 이러한 기준과 판단은 어디서부터 형성될까요?

먼저 첫 번째 집의 가격을 보고 나면 비슷한 정도의 집 시세가 얼마인지 파악하게 됩니다. 이어서 두 번째와 세 번째 집이 비싸지 않다는 걸 알게 되죠. 바닥이 낡아 파손된 두 번째 집을 보고 나면 새롭게 바닥 인테리어를 한 세 번째 집이 훨씬 경제적이라는 결론을 얻게 됩니다. 그렇게 자연스럽게 세 번째 집을 선택하게 됩니다.

그런데 첫 번째, 두 번째 집이 사실 중개인이 고심 끝에 끼워 넣은 '미끼'라는 생각을 해 본 적 있나요?

'미끼 효과Decoy Effect'란 새로운 상품이 나타나면 구매를 고민하던 두 가지 상품 중에서 한 상품의 선호도가 증가하는 현상을 말합니다. '미끼'로 인해 선택을 받게 되는 상품을 '목표물 혹은 타깃'이라고 하고 나머지 선택받지 못한 상품을 '경쟁자'라고 합니다.

보통 사람들은 어떤 사물의 관계를 확정할 때 주변 사물을 자세히 관찰하는데 여기서 흔히 비교의 방법을 사용합니다. 그래서 판매자는 '미끼'를 집어넣어 조금 더 단순하면서도 직관적인 비교 관계를 설정해 소비자가 빠르게 결정할 수 있게 이끄는 것이죠. 이때 소비자들이 선택하는 상품은 보통 판매자가 사전에 설정해 놓은 '시나리오'일 때가 많습니다.

바꿔 말하면 '미끼'를 직접 선택하는 사람은 거의 없다는 뜻인데, 이는 판매자가 애초에 '미끼'를 팔 생각이 없었기 때문입니다. 하지만 이 추가된 옵션을 통해 소비자는 더욱 직관적으로 선택지를 비교하고 결국 '목표물'을 선택하게 됩니다.

위 예시 속에 등장한 세 집의 구성을 살펴볼게요. 첫 번째 집은 '경쟁자'에 해당하며 가격 구간을 확립하는 역할을 합니다. 두 번째 집이 바로 '미끼'인데 중개인은 이것을 통해 사실 세 번째 집을 당신에게 주력으로 어필하고 싶은 것입니다. 그러므로 세 번째 집이 '목표물'에 속하겠지요. 결과적으로 당신은 이 과정을 통해 스스로 세 번째 집을 선택했다고 생각하지만, 사실은 중개인이 그렇게 하도록 시나리오를 짜 놓은 것입니다. 실제로 이러한 예는 쉽게 찾아볼 수 있습니다.

연말이 되자 연희가 좋아하는 잡지의 예약판매가 시작되었다. 작년까지는 종이책 버전만 있었고 가격은 3만 9천 원이었다. 그런데 올해는 전체적으로 업그레이드되어 전자책 버전까지 출시되었다. 가격은 다음과 같다.

1. 전자책 버전: 39,000원
2. 종이책 버전: 49,000원

자, 무슨 생각이 들까?

"뭐야. 전에는 실제로 손에 쥐고 볼 수 있는 종이책이 3만 9천 원이었는데 지금은 전자책이 3만 9천 원이라고? 너무 비싼 거 아냐? 종이도 안 들어가고 운송비까지 절약하는데 가격을 더 낮추는 게 인지상정 아닌가? 됐어. 안 사!"

"세상에! 종이책 가격도 너무 많이 올랐잖아. 이렇게 인상폭이 높으면 소비자들한테 전자책 사라고 협박하는 거랑 뭐가 달라? 이 사람들 돈독이 단단히 올랐네. 내가 사나 봐라."

3. 전자책+종이책: 49,000원

그런데 나중에 위와 같은 3번 옵션이 추가되었다면 어떨까?

"두 개 다 사는데 종이책 하나 값이랑 똑같네? 그럼 전자책을 공짜로 가져가는 거나 다름없잖아. 이렇게 장사하면 남는 게 있나? 이러면 누가 종이책 버전만 사? 무조건 두 개 다 구매하지."
그런 그녀를 옆에서 지켜보던 친구가 말했다.
"그런데 가격이 작년보다 올랐잖아."
"야, 그래도 전자책을 얹어 주잖아. 만 원만 더 내면 전자책이 하나 더 생기는 건데? 봐봐. 전자책을 단품으로 사려면 3만 9천 원이나 내야 해. 그러니까 2개 같이 사는 게 얼마나 합리적이야."

결국 연희는 순식간에 3번 옵션을 선택했습니다. 그렇지만 사실 이것은 잡지사가 설정해 놓은 '가격 함정'에 빠진 것입니다.

잡지사에서는 올해 새롭게 전자책을 출시했습니다. 내용은 종이책 버전과 동일합니다. 그렇다면 종이책 버전의 기존 구독자 외에 또 다른 부류를 확보해야겠죠.

돈을 들여 전자책을 출시했는데 기존 종이책 구독자들이 전자책으로 갈아타는 현상이 나타난다면 신규 독자도 확보하지 못한 채 비용만 낭비하는 셈입니다. 수익을 올려야 하는 기업에게 이건 있을 수 없는 일이겠죠.

그럼 어떻게 해야 전자책을 활용해 신규 구독자를 확보하면서 기존 구독자들의 분산을 막을 수 있을까요? 아니, 오히려 그들이 돈을 더 쓰도록 유도할 수 있을까요?

답은 바로 '미끼 상품'에 있습니다. 위 예화에서 알 수 있듯 소비자들은 3번 '미끼'를 통해 종이책의 가격 인상을 거부감 없이 수용합니다. 또 합리적인 소비를 통해 이득을 얻는다고 착각하지요.

만약 이 사실을 믿지 못하겠다면 지금 바로 인터넷에서 아무 제품이나 하나 검색해 보세요. 아마 거의 모든 상품이 옵션별로 다른 가격이 정해져 있을 겁니다. 자세히 들여다보면 단품으로만 사는 경우 오히려 손해를 보는 구조로 되어 있다는 것도 알 수 있지요.

이것이 바로 가격의 '미끼'입니다. 이 '미끼'가 존재하는 한, 소비자들은 언제나 세트로 구매하는 것이 훨씬 합리적이며 저렴하다고 생각하게 됩니다.

가격 책정의 비밀 3:
과도한 가치 폄하

많은 사람이 헬스장을 방문하면 6개월 혹은 1년 연간회원권을 끊는 것이 일회성 등록권을 구매하는 것보다 훨씬 합리적이라고 생각합니다. 가령 1회 방문 시 3만 6천 원인데 연간회원권으로 구매하면 160만 원이라고 합니다. 차수로 나누면 1회당 평균 4천 원이 조금 넘는 셈이 되니까 당연히 더 저렴하다고 생각하는 겁니다.

그렇지만 대다수는 한 해가 끝나갈 무렵, 진짜 헬스장에 방문했던 날을 헤아려 보면서 후회합니다. 차라리 회차로 구매하는 게 훨씬 저렴했을 거라는 생각 때문이죠.

미국의 경제학자들이 3개 헬스장의 7천 명 회원을 대상으로 설문조사를 진행했습니다. 그 결과, 회원의 80%는 연간회원권이나 분기 단위의 카드를 구매했지만, 그에 비해 방문 일수는 턱없이 부족한 것으로 나타났습니다. 이들은 거의 매년 평균 1,400달러를 소비해 회원권을 구매했지만 실제로 방문 횟수를 계산해 보았더니 800달러만 냈어도 실제 이용비를 충분히 커버할 수 있었습니다. 결국 7천 명 정도가 600달러씩을 더 낸 셈이었고, 이는 고스란히 헬스장의 이윤으로 돌아갔지요.

사실 우리도 이런 사실을 모르는 건 아닙니다. 그런데도 왜 연간회원권으로 더 마음이 기우는 걸까요?

사람들은 연간회원권을 사면서 이렇게 생각합니다.

"연간회원권까지 끊었으니까 이번에는 정말 운동을 많이 할 거야!"

새해가 될 때마다 "이번에는 외국어 공부를 정말 열심히 할 거야.", "이번 해에는 정말 돈을 많이 모을 거야."라며 어학 학원에 등록하거나 저축 통장을 만드는 것도 다 비슷한 맥락이에요.

사람들은 무언가 소망하는 것이 생기면 그 대상을 동경합니다. 그런데 동경의 다른 말이 뭔지 아세요? 자신감입니다. 간절히 동경한다는 건 결국 자신감이 과하다는 뜻이기도 합니다. 영리한 장사꾼은 미래에 대한 사람들의 이러한 동경심과 자신감을 교묘히 활용해 돈을 벌고 주머니를 챙깁니다.

경제학에서는 이러한 현상을 '과도한 가치 폄하Hyperbolic Discounting'라고 부릅니다. 이것은 미래에 얻을 큰 보상보다 당장 얻을 수 있는 작은 보상을 더 높게 평가하는 심리를 말합니다. 다른 말로 '현재 편향'이라고도 하지요. 행동경제학자 데이비드 라입슨David Laibson은 이 개념을 활용해 '소비는 많이 하면서 저축은 적게 하는' 사람들의 특징을 경제학적으로 설명했습니다.

전통 경제학은 사람들이 예상 수입은 알지만 아직 돈을 받기 전에는 얼마를 소비하고 얼마를 저축할지에 대해 상당히 합리적으로 계획을 세울 수 있다고 주장합니다.

하지만 라입슨은 사람들은 미래에 예상되는 수입과 보상을 과도하게 긍정적으로 인지하고 평가하는 경향이 있다고 보았습니다. 즉, 아직 실현되지 않은 금전 수입이 예상될 때 마치 이미 돈을 가진 것처럼 생각하고 지출하는 경향이 있다고 분석했지요. 그러나 일단 소비해 버린 돈이 막상 '현금화'되지 않으면 이미 없어진 돈은 '과도한 가치 폄하'가 된 것입니다.

도서 할인 행사 기간에 책을 대량으로 구입해 놓고는 한 번도 펼쳐 보지 않는 일, 간절기 때 옷을 여러 벌 사 두었다가 입지도 않은 채 옷장에 걸어 두는 일, 드론을 사 놓고 몇 번 사용해 보지 않는 일 등이 모두 '과도한 가치 평가'의 예에 해당합니다.

사람들은 현재의 즐거움보다는 미래에 일어날 가능성 있는 기쁨에 더 많은 점수를 주는 경향이 있습니다. 그래서 우리는 실생활에서 이러한 심리에 종종 지배당합니다.

물론 누군가는 "돈을 썼으니 쓴 만큼 마음의 동기가 생기지 않을까?"라고 물을 수 있습니다. 사실 이것은 또 다른 심리상태, 즉 '결정 피로'와 관련 있습니다. 결정 피로 상태일 때, 사람들은 종종 최선의 결정을 포기하고 비논리적이고 감정적으로 선택하려고 합니다.

예를 들어 볼게요. 헬스장 연간회원권을 끊을 때는 "매일, 하루도 빠지지 않고 운동을 하리라." 마음먹습니다. 아마 초반에는 그 약속을 지키려고 무진장 노력할 거예요. 그러다가 어느 주말, 갑자기 날이 흐려지더니 비가 내리기 시작했습니다. 나가기 귀찮다는 생각이 들었고 결국 '그동안 열심히 산 나에게 오늘 하루 휴가를 주자!' 하는 결론을 내리지요. 그러고는 생각합니다. '하루 안 간다고 해서 갑자

기 살이 찌는 것도 아니고, 연간회원권이 없어지는 것도 아니잖아.'

그런데 문제는 그날 이후 계속 궂은날이 이어졌다는 것입니다. 그 와중에 또 한 번씩 휴가를 내서 여행도 가야 했고, 어떤 날은 친구들과 술을 마시거나 잔업 때문에 늦게 퇴근하는 날도 있었습니다. 또 어떤 날은 집에 하루 종일 누워 있고…. 이렇게 여러 가지 '합리적인 이유'가 생겨나더니 결국에는 아주 결정적인 이유까지 등장했습니다. 헬스장 개인 사물함 키를 잃어버린 것이죠.

이러한 문제는 어떻게 해결해야 할까요? 미국의 한 경제학자가 이와 관련해 실험을 진행했습니다. 그는 대학생 4명을 대상으로 헬스장 연간회원권을 나눠 주며 이벤트를 진행했습니다. 운동을 시작하고 첫 4주 안에 여덟 차례 이상 헬스장을 방문하면 상금 100달러를 받을 수 있다는 내용이었습니다. 단, 첫 4주에만 해당하는 조건이었습니다. 실험 결과, 해당 기간에 여덟 차례 이상 헬스장을 방문해서 상금을 받아 간 사람은 이벤트가 끝난 뒤에도 운동하러 가는 비율이 상금을 받지 않은 사람보다 2배 더 높았습니다.

우리는 이 실험을 통해 '징벌'과 '보상'의 개념이 운동 습관에 어떤 영향을 주는지 알 수 있습니다. 즉, 운동을 가지 않으면 손해를 보게 되는(100달러를 잃게 되는) '징벌' 개념을 적용해도 별다른 도움이 되지 않지만, '보상'의 개념을 적용하면(100달러는 얻는) 더 좋은 운동 습관을 기를 수 있다는 것이죠.

그런 의미에서 보면 헬스장 회원권을 할인 없이 원래 가격으로 책정하고 그중 일부를 '상금'의 개념으로 적용하는 게 낫지 않을까요? 한 번 갈 때마다 약간의 상금을 받아올 수 있다면 사람들이 더 적극적으로 운동을 할 텐데 말입니다. 그러니 판매자들이 이렇게 하지 않는 이유가 있어요. 일단 할인 없이 순수 원가로만 구성된 메뉴판은 회원들의 구매 충동을 떨어뜨립니다. 자연스럽게 연간회원권을 구매하고자 하는 의지도 사라지지요.

더 중요한 건 헬스장 운영자의 진심이에요. 사실 그들은 당신이 돈을 내고 단 한 번의 결석 없이 나오는 걸 그리 달가워하지 않거든요.

가격 책정의 비밀 4:
가격의 전이 효과

지금까지의 내용을 읽어보고 "이렇게 함정이 많다면 차라리 돈을 안 쓰는 게 낫겠어요."라고 말할지도 모르겠습니다. 그런데 만일 누군가 '공짜' 제품을 당신에게 내민다면, 그땐 어떨까요?

하지만 안타깝게도 세상에 공짜는 없습니다. '무료'인 것처럼 보이는 서비스도 사실은 다른 부분에서 그에 상응하는 만큼의 이용료를 지불하거든요. 이것을 '가격의 전이 효과'라고 합니다.

예를 들어, 드라마나 영화를 시청하는 인터넷 플랫폼에서 무료로 콘텐츠를 감상하려면 비교적 긴 시간 동안 광고를 시청하거나 다소 낮은 화질을 견뎌 내야 합니다.

아울렛에서 운영하는 무료 셔틀버스를 타려면 반드시 시간을 맞춰야 하고 버스에 올라탄 뒤에도 자리에 앉으려면 약간의 몸싸움과 눈치싸움을 피할 수 없습니다.

당신이 할애하는 시간과 에너지, 관심도는 모두 당신에게 속한 자산입니다. 원래는 조금 더 의미 있는 일을 더 많이 할 수 있는데 '공짜'에 혹해 넘어가는 순간, 그만큼 삶의 가치와 질이 낮아집니다. 이것이 바로 흔히 말하는 '기회비용'입니다.

심지어 때로는 삶의 질을 포기하면서까지 '공짜'를 선택했지만, 끝에 가서는 결국 돈을 내야 하는 억울한 상황이 생기기도 합니다. 예를 들면, 콘텐츠 하나를 시청할 때 초반에는 20초 만에 끝났던 광고가 플랫폼을 사용하면 사용할수록 시간이 길어집니다. 갑자기 중요한 부분에서 뚝 끊기고 광고가 등장해 몰입도를 떨어뜨리기도 하죠. 심지어 광고를 견뎌 내면서라도 무료로 시청하겠다는 마음가짐으로 플랫폼에 접속했는데 일부 예능 프로그램이나 드라마는 모두 유료 서비스로 설정되어 있는 걸 보기도 합니다. 이렇듯 처음에는 '공짜'라는 미끼로 사용자를 끌어모은 다음, 어느 정도 플랫폼을 체험하게 한 뒤에는 VIP 이용권을 사지 않고는 못 버티게 하는 것이죠.

'삶에 공짜로 주어진 모든 것에는 보이지 않는 가격이 매겨져 있다.'는 말처럼 세상에 진짜 공짜란 없습니다. 절대적 합리성을 발휘해 소비할 수 없다면 상대적 합리성을 발휘해 보자고요.

5장

경제학 이론에 휘둘리지 마라
인간은 원래 비이성적인 존재다

100원을 깎으려 하면서
100만 원은 플렉스?

우리는 합리적이지 않다

선생님의 글을 읽을수록 점점 경제학에 빠져드는 것 같아요. 생생한 사례를 통해 잘 모르던 경제학 지식을 알게 되었어요. 그리고 '합리적 경제인'이 되는 게 얼마나 중요한지도 깨달았습니다. 그런데 제 삶을 들여다보면 한숨만 나와요. 저는 이성을 잃고 충동적으로 소비할 때가 너무 많거든요.

평소에는 먹고 마시는 걸 아끼자는 생각에 배달 음식도 잘 안 시키면서, 신상 명품백이 나오면 참지 못하고 결국 두 달 치 월급을 한꺼번에 다 써버려요. 한창 주식 열풍이 불었을 때는 너도나도 주식으로 돈을 벌었다는 얘기를 듣고 저도 가진 돈을 모두 주식에 넣었다가 엄청나게 손해를 보기도 했어요. 최고가에 산 탓에 아까워서 팔지도 못하는 상황입니다.

어떻게 하면 이렇게 비이성적이고 충동적인 소비 습관을 고칠 수 있을까요?

전통 경제학의
'합리적 경제인' 가설은 틀렸다!

과거 한 독자에게 받은 메일인데, 저 또한 그녀와 마찬가지로 충동적으로 구매했다가 책상에 머리를 찧으며 후회한 적이 한두 번이 아니에요. 그래서 그녀의 마음을 충분히 이해해요. 그럴 때마다 느끼는 건 '공부를 많이 한다고 충동구매가 줄어드는 건 아니구나.' 하는 겁니다.

전통 경제학에서는 '사람은 모두 이성적'이라고 전제합니다. 그 가설에 따르면 소비자들은 돈을 아무렇게나 허투루 쓰지 않아야 합니다. 제품 광고나 판매원, 1+1 할인판매 같은 것들에 전혀 영향을 받지 않아야 합니다. 생산자들은 10원이라도 더 이윤을 낼 기회를 절대로 놓치지 않아야 합니다. 의사결정의 실패라든가 일순간의 충동적인 선택이라든가, 그로 인한 기회 상실 등은 근본적으로 일어나지 않아야겠죠.

전통 경제학은 인간은 모두 아인슈타인 같은 지능을 가졌으며, 컴퓨터와 같은 기억력을 지녔고, 간디와 같은 의지력이 있다고 말합니다. 이러한 맥락의 '합리적 경제인' 가설은 어떤 의미에서는 일종의 신성한 '신앙'처럼 여겨지기도 합니다. 왜냐하면 그들이 주장하는 것처럼 모든 사람이 합리적 경제인이라면 시장경제에서 내리는 결정과 결단을 통해 모든 자원을 가장 효율적으로, 완벽하게 배분할 수 있기 때문입니다. 그러면 결국 완벽한 시장경제에 정부의 간섭이 더해지는 건 잘못이라는 결론이 나옵니다. 전통 경제학자들이 왜 그토록 '합리적 경제인 가설'에 목숨을 거는지 알 수 있는 대목이죠.

그러나 아주 중요한 문제가 하나 있습니다. 이 모든 건 단지 '하나의 가설'에 지나지 않는 것이죠. 사람은 결국 완전히, 절대적으로 이성적인 존재가 아닙니다. 감정과 고통, 기쁨과 슬픔을 느끼며 살아가는 존재가 바로 인간이지요. 사람은 감정적 수요, 심리적 수요가 함께 있는 존재라서 당연히 충동적일 수밖에 없습니다. 그러니 근본적으로 우리는 완전한 합리적 경제인이 될 수 없는 것이죠. 이건 당신의 잘못도, 저의 잘못도 아닙니다. 그저 너무도 현실적이고 객관적인 사실인 거죠.

예를 들어 볼게요. 얼마 전, 오랫동안 보고 싶었던 공연 티켓을 40만 원 주고 예매했어요. 티켓은 며칠 뒤 집으로 배송되었고 잃어버리지 않기 위해 특별히 잘 간직해 두었습니다. 그런데 공연 당일, 외출 준비를 마치고 집을 나서려는데 아무리 찾아봐도 티켓이 보이지 않는 거예요. 공식 홈페이지에 들어가서 찾아보니 현장 구매도 가능하다는 안내가 나와 있었습니다. 당신이라면 어떻게 할까요? 현장에 가서 다시 40만 원을 내고 티켓을 구매하겠습니까?

다시 티켓을 사는 게 '엄청난 손해'라고 생각하는 건 잘못되었습니다. 그렇지만 사실 이런 상황에 부딪히면 대다수 사람이 땅을 치며 발을 동동 굴러댑니다. 표를 잃어버린 것도 너무 아까운데 40만 원을 또 낸다는 게 도저히 납득이 안 돼서이지요. 그렇지만 잘 생각해 보세요. 하루 종일 집에 처박혀서 티켓을 잘 간수하지 못한 자신을 자책하며 땅에 머리를 박고 있는 것보다는, 차라리 '40만 원'에 대한 아쉬움을 철저하게 포기하고 현장에 가서 티켓을 구매한 뒤 신나게 공연을 즐기는 게 훨씬 낫습니다.

그런데 이것은 전통 경제학 이론과는 맞지 않아요. 전통 경제학은 사람은 '합리적 경제인'이라는 가설을 따르기 때문이지요. 따라서 완전히 합리적 경제인은 티켓을 잃어버린 아픔과 슬픔을 확실하게 잊어버려야 합니다. 왜냐하면 이것은 이미 사라진, 없어진 비용이며 지금의 의사결정에 영향을 주어선 안 되기 때문입니다. 만일 그 공연이 당신이 오랫동안 고대해 왔던 공연이고 현장에서도 티켓을 구매할 수 있다면 당장 현장으로 달려가면 그만입니다.

하지만 사실 우리는 그렇게 이성적이지 못하지요. 전통 경제학 이론과 현실 사이에 이러한 편차가 생기는 이유는 현실을 살아가는 우리는 이론에서 말하는 완벽한 경제인의 설정에 부합하지 않기 때문이에요. 실제로 우리는 절대적으로 '합리적 경제인'보다는 심리학에서 말하는 '행동주의자'의 정의에 더 부합합니다. 인간의 행동은 이성적이기도 하지만 외부 환경과 개인의 경험, 개성과 감정 등 비이성적인 요소의 영향을 훨씬 더 많이 받습니다.

이러한 요소들의 영향으로 인한 주관적·객관적 인지의 제한 때문에 우리는 경제학에서 강조하는 '최우선 원칙'에 따라 의사결정을 할 수 없고, 따라서 이론에서 기대하는 이성적인 행동을 할 수 없는 것입니다.

손실 회피 편향이
우리를 힘들게 한다

학계에서 사용하는 합리적 경제인에 대한 가설은 지나치게 완벽합니다. 하지만 그런 사람은 실제 우리 삶에 거의 존재하지 않습니다. 미시경제학에서 설명하는 많은 개념에도 크고 작은 허점이 존재하지요. 경제학계 역시 이 문제를 인식하고 있습니다. 그래서 최근 몇십 년 사이 새롭게 등장한 행동경제학이 사람들의 주목을 받고 있습니다.

실용적인 경제학으로 꼽히는 행동경제학은 사람들이 일상에서 흔히 접하는 의사 선택과 그에 관련한 행동을 이론적으로 분석하고 그 규칙을 찾아냅니다. 또 심리학과 경제학을 유기적으로 결합해 조화로운 분석 결과를 도출하지요. 심리 요소가 경제행위에 미치는 영향과 그로 인해 나타나는 비이성적인 경제행위에 대한 내용이 주를 이룹니다. 이를 통해 전통 경제학에 존재하는 여러 허점을 찾아내고 그들이 기본적으로 주장하는 사람의 이성과 이기심, 정보의 완벽성, 효용성, 선호의 일치성 등과 같은 내용을 수정하고 보완합니다.

행동경제학이 사람들에게 가광받는 이유는 우리의 실제 삶에 더 가깝고 현실적이기 때문입니다. 21세기 이후, 노벨경제학상은 세 차례나 행동경제학자에게 돌아갔는데 특별히 인간이 비이성적이고 감정적이며 어떤 결정을 내릴 때 희로애락 등의 정서에 영향을 받는 특징을 연구한 공로를 인정받았기 때문입니다.

행동경제학을 공부하고 이해하면 '이성'이란 단지 전통 경제학에나 존재하는 편견이며, 충동적인 소비는 개인만의 문제가 아니라 살아 있는 인간이라면 누구든지 겪는 필연적이고 필수적인 결과라는 걸 깨닫게 됩니다. 행동경제학과 관련한 실험은 무수히 많지만, 몇 가지 사례를 소개해볼게요.

2007년 노벨경제학상 수상자이자 행동경제학 이론의 창시자인 미국 시카고 대학의 경제학과 교수 리처드 탈러Richard H. Thaler는 『행동경제학』을 통해 행동경제학의 구체적인 현상을 제시했습니다. 로체스터 대학에서 박사 공부를 하던 그는 재미있는 현상 하나를 발견하고 아래와 같은 질문지를 작성해 설문 조사를 했습니다.

A. 사회적으로 건강에 치명적인 질병이 유행하기 시작했다. 병에 전염된 사람은 아무런 고통이나 증상이 없다가

1주일 안으로 사망했다. 당신이 이 병에 걸릴 확률은 1만분의 1이다. 만일 불행하게도 당신이 이 병에 걸렸다면 치료비로 최대 얼마까지 지불할 의향이 있는가?

B. 똑같은 전염병이 유행하는 상황에서 직장 상사가 전염병 실태 조사를 위해 당신을 재난 중점 관리지역에 파견하려고 한다. 현장에서 일하며 당신이 병에 전염될 가능성은 1만분의 1이다. 이때 당신이 상사에게 원하는 만큼 파견 및 지원 보상금을 요청할 수 있다면 얼마를 제시하겠는가? 얼마를 지원해 주어야 파견직을 수용하겠는가?

전통 경제학 이론에 따르면 이 두 문제의 답은 등가, 즉 같은 가격이 되어야 합니다. 두 질문 모두 '1만분의 1'의 사망률을 돈으로 환산하면 되기 때문이죠. 그런데 재미있게도 응답자들이 작성한 대답을 보면 큰 차이가 났습니다. 사람들은 첫 번째 상황에서는 치료를 위해 돈을 지불할 의향이 있는 반면, 두 번째 상황에서는 거액의 보상금을 원했지요.

탈러가 발견한 이 현상을 우리는 어떻게 해석하면 좋을까요? 2002년 노벨경제학상 수상자이자 미국 프린스턴 대학의 심리학 및 경제학과 대니얼 카너먼Daniel Kahneman 교수와 심리학자 아모스 트버스키Amos

Tversky 는 이를 '전망 이론 Prospect Theory'으로 정리했습니다.

이 이론은 위험이 수반되는 상황에서 사람들이 어떻게 생각하고 결정하는지에 관해 설명합니다. 즉, 사람들은 의사결정을 내릴 때 어떤 준거점 Reference Point 을 하나 설정한 뒤, 이것을 근거로 손실 여부를 판단한다는 말입니다. 특이한 점은 '이득'보다 '손실'에 훨씬 민감하게 반응한다는 것입니다.

예를 들어 볼게요. 사람들은 보통 돈이 많아지면 많아질수록, 이익이 늘어나면 늘어날수록 기뻐합니다. 그런데 카너먼과 트버스키의 계산에 따르면 이익과 손실이 같은 규모일지라도 이익 증대로 늘어나는 기쁨의 강도는 0.5~1배에 이르지만, 손실의 아픔은 2.5배에 이르는 것으로 나타났습니다. 쉽게 말하면 100원을 얻은 기쁨보다 100원을 잃은 슬픔이 더 크다는 얘기입니다.

이로써 대다수 사람은 손실과 이익에 관해 느끼는 민감도가 비대칭을 이루며 보통의 경우 손실로 인한 아픔과 고통이 이익을 통해 느끼는 기쁨보다 훨씬 크기 때문에 최대한 손실을 회피하려는 경향을 보인다는 결론을 도출했습니다.

인간의 본능을 보여 주는
전망 이론 네 가지

손실을 회피하려는 행동경제학의

기초이론은 '전망 이론'의 네 가지 결론 중 하나를 기반으로 합니다.

'전망 이론'에 따르면 모든 사람의 준거점이 다르기 때문에 위험 상황에 대한 생각과 태도도 다릅니다. 따라서 미래가 불확실한 상황 속에서 무언가를 결정할 때, 사람들은 단순히 결과만 생각하는 것이 아니라 당초의 전망(예측, 가설)과 향후 나타날 결과 사이의 간극과 차이를 비교하려는 경향을 보입니다.

쉽게 말해, 사람들은 의사결정을 할 때 마음속에 하나의 참고 기준(준거점)을 세워 놓고 모든 결정이 가져올 결과와 해당 준거점을 비교하는 것이죠. 전망 이론의 주된 네 가지 결론을 살펴볼게요.

• **확실성 효과** Certainty Effect

확실한 상황 속에서 그럴 법한 것을 선택하는 심리적 효과. 이익이 확실한 상황에서는 대다수 사람이 위험을 피해 가고자 한다.

• **반사 효과** Reflection Effect

비교 대상 시점(기준 시점)의 상황이 현재 상황과 너무 큰 차이를 보여 결과가 왜곡되는 현상. 그 결과 손실이 나타나는 상황 속에서도 대다수 사람은 모험을 선택한다.

• **손실 회피성** Loss Aversion

같은 금액이라면 손실을 이익보다 더 크게 느끼는 현상. 대다수 사람은 이익보다 손실에 더 민감하다.

· 준거점 의존성 Reference Dependence

개인의 의사결정과 선택이 준거에 의존하며 준거에 따라 바뀌는 것을 말한다. 대다수 사람은 준거점을 기준으로 이익과 손실을 판단한다.

사람들은 이익 앞에서는 위험을 피하려고 하지만 손실 앞에서는 오히려 '모험가'가 됩니다. 그런데 이익과 손실에 대한 판단은 준거점을 기준으로 하므로 특정 사물에 대한 준거점이 바뀌면 위험에 대한 생각과 태도에도 변화가 일어나지요. 다음은 이 네 가지 결론에 관한 작은 테스트입니다.

· 확실성 효과 예시

이익과 '도박' 사이에서 하나를 선택해야 할 때 대다수 사람은 확실한 이익을 선택합니다. 말 그대로 적당하고 안전한 상황을 선택하는 것이죠.

A. 3만 원의 수익이 100% 확실한 경우

B. 4만 원의 수익을 얻을 확률이 80%지만 아무것도 얻지 못할 확률이 20%인 경우

전통 경제학에 따르면 '합리적 경제인'은 이 경우에 A를 선택하지

않습니다. B를 선택하면 '4만 원×80%=3만 2천 원'으로, A 기댓값인 3만 원보다 높기 때문입니다.

하지만 테스트 결과 대부분의 사람은 A를 선택했습니다. 이는 수익이 확실한 상황에서 위험을 피하려는 경향을 보이며 신중한 태도를 취한다는 걸 보여줍니다. 적당하면서도 확실한 이익을 선호하며 이미 얻은 이익을 잃는 것을 싫어합니다.

주식시장에서 투자자들이 확실한 수익을 올린 다음 그것을 매듭짓기 위해 현재 상승세 중인 주식을 매도하는 것이 대표적인 예입니다. 투자할 때 사람들은 대부분 손해가 나면 주저하지만, 수익이 나면 과감하게 행동합니다. 주식시장에 '매도 효과'라고 있는데, 이는 투자자들이 수익을 내는 주식을 매도하려는 의향이 손실을 내는 주식을 매도하려는 의향보다 더 강한 것을 의미합니다. 이것은 '예측이 맞으면 유지, 틀리면 변경'이라는 투자의 핵심 원칙과도 반대되는 행동입니다.

• 반사 효과 예시

두 가지 손실 상황을 마주했을 때 당신은 회피와 직면 중 어떤 걸 선택하겠습니까? 확정된 손실과 도박 사이에서 선택해야 할 경우 대부분은 '도박'을 선택합니다. 이것이 바로 '반사 효과'인데, 쉽게 말해 손해가 확실한 두 상황에서는 그래도 손실이 덜한 쪽을 선택한다는 이론입니다. 예를 들어 볼게요.

A. 3만 원을 손해 보는 게 확실한 경우

B. 4만 원을 잃을 확률이 80%, 잃지 않을 확률이 20%인 경우

테스트 결과 A를 선택한 사람은 극소수였고, 대부분은 B에 자신의 운을 걸어 보겠다고 했습니다. 그런데 전통 경제학 이론에 따르면 '합리적인 경제인'은 B를 선택하지 않습니다. '(-4만 원)×80%=-3만 2천 원'이므로 리스크가 A의 -3만 원을 넘어서기 때문입니다.

하지만 현실은 다릅니다. 대다수는 손해가 확실한 상황이라면 오히려 더 큰 리스크를 감내하면서 '도박'을 선택합니다. 다시 말해, 손실이 확정된 상황에서는 대부분 '모험가'로 변한다는 뜻이죠.

반사 효과는 사실 매우 비이성적입니다. 주식시장에서 손해가 나고 있는 주식을 팔지 않고 계속 보유하고 있는 것이 그 예인데요. 통계에 따르면 투자자들이 손해 보는 주식을 보유하고 있는 시간이 수익을 올리는 주식을 보유하고 있는 시간보다 훨씬 더 긴 것으로 나타났습니다. 손실 때문에 매도하지 못하고 묶여 있는 주식이 존재하는 것도 그 때문입니다.

· 손실 회피성 예시

공짜로 얻은 1만 원으로 생기는 기쁨은 잃어버린 1만 원으로 생긴 아픔과 고통을 상쇄할 수 없습니다. 이에 대한 자세한 설명은 앞에서 다루었습니다.

· **준거점 의존성 예시**

상품이나 복지, 서비스 조건이 동일한 상황에서 선택사항이 두 가지 있다고 가정해 봅시다.

A. 동료의 연봉이 6천만 원인데 당신은 7천만 원인 경우

B. 동료의 연봉이 9천만 원인데 당신은 8천만 원인 경우

카너먼의 실험 결과는 매우 뜻밖이었습니다. 대부분이 A를 선택한 것이죠. 사실 우리가 열심히 돈을 버는 이유 중 하나는 주변 동료를 향한 질투와 비교에서 비롯합니다. 질투는 다른 사람과 나의 상황을 비교할 때 생겨납니다. "황제는 사람들에게 질투의 대상이 아니다. 다만 상대국의 황제가 아니라면 말이다." 철학자 프랜시스 베이컨 Francis Bacon 의 말입니다. 미국의 유명 작가 헨리 멘켄 Henry Louis Mencken 역시 "부자란 그의 동서(아내의 여동생 남편)보다 돈을 더 많이 버는 사람이다."라고 한 바 있지요.

전통 경제학은 돈의 효용이 절대적이라고 주장하지만, 행동경제학은 상대적이라고 말합니다. 이것이 바로 부와 행복 사이에 존재하는 패러독스입니다.

과연 무엇이 진정한 '이익'이고 무엇이 '손실'일까요? 무엇이 '얻는 것'이고 무엇이 '잃는 것'일까요? 연봉 1억을 받는 기업에 들어갔다면 기뻐해야 할까요, 아니면 실망해야 할까요? 만일 당신의 목표가 5천

만 원이었다면 당연히 기쁘겠지만 10억이 목표라면 그렇지 않을 겁니다. 모든 손해와 이익은 상대적인 준거점을 기준으로 판단합니다. 이것이 바로 '준거점 의존성'입니다.

우리는 손실을
정말로 싫어해

위에서 소개한 네 가지 현상 외에도 '전망 이론'은 사람이 지닌 매우 독특한 비이성적 행동, 즉 지극히 작은 확률에 현혹되는 현상을 발견했습니다. 사람들이 복권을 사는 것은 자신의 운을 시험하기 위해, 보험에 가입하는 것은 혹시 모를 사고와 재난에 대비하기 위함입니다. 사실 이 두 가지 일이 실제로 우리에게 일어날 확률은 매우 적습니다. 그렇지만 사람들은 여기에 엄청 열광하고 열중하지요.

확률이 적은 사건이란 말 그대로 일어날 가능성이 매우 낮은 일이라는 뜻입니다. 예를 들어 하늘에서 갑자기 빵이 떨어져 내리는 일을 말하지요. 빵이 아니라 돌멩이가 떨어지면 정말 심각할 테지만 정말로 그런 일이 발생할 가능성은 매우 적습니다.

그런데 재미있는 건, 이렇게 확률이 적은 사건을 대하는 사람들의 모순적인 태도입니다. 이런 경우 사람들은 위험을 즐기는 사람이 되기도 하지만 동시에 어떻게든 위험을 싫어하는 사람이 되기도 합니다. 전통 경제학으로는 이러한 현상을 제대로 설명하지 못합니다.

대다수 사람은 아주 적은 확률의 이익 앞에서 위험을 즐기는 경향이 있으며, 아주 적은 확률의 손해 앞에서는 위험을 싫어하는 경향이 있습니다.

사실 많은 사람들이 복권을 구매하지만, 거액에 당첨될 확률은 미미합니다. 아마도 당신이 쓴 돈의 99.9%는 복지사업이나 스포츠 사업에 사용될 거예요. 그런데도 사람들은 부푼 마음으로 일어날 가능성이 아주 낮은 일에 자신의 행운을 걸어 봅니다.

보험도 마찬가지입니다. 재난이나 사고, 재해가 일어날 가능성은 매우 작은데도 위험을 피하고 싶은 마음에 보험에 가입합니다. 보험회사는 사람들의 이러한 심리를 기반으로 경영을 유지해 나갑니다.

전망 이론에서 말하는 것처럼 사람들은 위험 혹은 이익 앞에서 '편향된' 마음을 보입니다. 수익 앞에서는 위험을 무릅쓰지만, 손실 앞에서는 위험을 피하고자 하니까요. 그런데 아주 적은 확률의 사건 앞에서는 위험에 대한 편향성이 또 변합니다. 자신이 합리적이라고 생각하는 상황에서는 기꺼이 '도박'에 돈을 거는 것이죠. 궁극적으로 사람들이 진정으로 싫어하는 것은 위험이 아니라 손실입니다.

이렇듯 위험이 아닌 손실 회피 현상은 주식시장에서 종종 볼 수 있습니다. 가령 당신이 산 주식이 최고가를 경신한 뒤에 폭락세를 맞이해 계속 내림세를 타고 있다고 합시다. 이럴 때 할 수 있는 가장 현명한 대처는 주식을 매도하는 것입니다. 하지만 많은 사람은 당장 거래

수수료가 빠져나가기 때문에 주저합니다. 하지만 그건 나중에 예상되는 손해에 비하면 정말 미미한 수준에 불과합니다.

잘 생각해 보세요. 지금 수중에 현금이 있다면 그 주식을 사겠습니까? 당연히 아니죠. 그렇다면 망설일 필요가 뭐가 있겠어요. 차라리 하락 중인 주식을 매도하고 그 돈으로 더 좋은 주식을 사는 것이 낫습니다. 그러나 대다수가 그렇게 하지 못하는 이유는 해당 주식을 매도하는 순간 자신이 손해를 봤다는 사실을 인정하는 것과 같기 때문입니다.

'소유 효과'는
또 다른 손실 회피 심리

행동경제학의 중요한 이론 가운데 '소유 효과Endowment Effect'가 있습니다. 미국 코넬 대학에서 진행한 실험을 살펴볼까요. 경제학과 학생들을 무작위로 뽑아 두 그룹으로 나눈 뒤, 한 그룹의 학생들에게는 학교 로고가 새겨진 머그컵을 주었고 나머지 한 그룹에게는 현금을 나눠 주었습니다. 컵을 받은 그룹에게는 그것을 얼마에 되팔고 싶은지를 물었고, 나머지 한 그룹에게는 컵을 구매하는 데 얼마를 지불할 용의가 있는지 물었습니다.

그 결과, 컵을 불과 몇 분이라도 '소유'했던 그룹은 평균 5.25달러를, 현금을 받은 그룹은 2.75달러를 생각했습니다. 실험에 참여한 학생들은 무작위로 뽑힌 것이었지요. 이 두 그룹의 대답에 이토록 큰 차이가 난 이유는 무엇일까요?

정답은 바로 '소유 효과' 때문입니다. 이 이론은 1990년대 3명의 경제학자가 제시한 것으로 그중에는 2명의 노벨경제학상 수상자가 포함되어 있었지요.

'소유 효과'란 어떤 대상을 소유하고 나면 그 대상에 애착이 생겨 객관적인 가치 그 이상을 부여하는 심리적 현상을 말합니다. 흔히 말하는 '애착 인형', '애착 베개' 등이 여기에 해당합니다.

그렇다면 얼마만큼이나 가치를 높게 평가할까요? 행동경제학에서는 보통 해당 물건을 가진 사람이 그렇지 않은 사람보다 2배 정도 가격을 높게 책정하는 것으로 봅니다. 사람은 일단 어떤 물건을 소유하면 그것에 가치를 부여하게 되며, 그 물건을 잃어버리는 순간 엄청난 손해와 손실로 간주하고 큰 상심에 빠집니다. 실제로 많은 사람이 이러한 심리를 경험하지요.

마케팅에서도 '소유 효과'를 많이 활용합니다. 판매자는 이 심리를 이용해 프로모션을 기획하기도 합니다. 대표적으로 판매자가 소비자들에게 일정 기간 무료로 상품을 사용할 기회를 주는 것을 들 수 있습니다. 소비자는 무료 체험을 하면서 소유 효과를 통해 제품에 가치를 부여하게 됩니다. 결국 무료 이용 기간이 끝나면 아쉬움에 제품을 돌려보내지 못하고 구매를 하게 되지요.

자동차 대리점도 마찬가지입니다. 자신이 타던 차를 팔고 새 차를 구입할 의향이 있는 소비자들은 '내 차 시세가 얼마 정도인지', '보상 판매를 한다면 얼마 정도까지 매겨주는지'에 매우 민감합니다. 그런데 보통 차주들은 자신이 몰던 차의 가치를 매우 높게 평가하는 경향이 있습니다. 대리점은 이러한 심리를 활용해 보상판매 정책을 강력히 추천하며 훨씬 합리적인 소비를 할 수 있다고 강조하지요. 어느새 소비자들의 초점은 새 차 가격보다 내가 타던 차의 시세에 맞춰 새 차를 구매하게 됩니다.

사실 '소유 효과'는 의사결정을 하는 과정에서 이익과 손해에 서로 다른 무게를 부여하기 때문에 생겨납니다. 이 또한 손해를 피하고자 하는 심리가 이득을 취하고자 하는 심리보다 훨씬 크기 때문이지요.

돈이라고
다 같은 돈이 아니다

'소유 효과'는 모든 사람은 어떤 의사결정을 내릴 때 자신이 생각하는 마음속 선호도에 따라 움직인다고 말합니다. 1980년, 리처드 탈러는 주류 경제학에서 벗어나 현실에 더 부합하는 '심리적 회계Mental Accounting' 이론을 제시했습니다.

이 이론에 따르면, 사람은 모든 사물을 카테고리별로 분류하는 습관이 있습니다. 그래서 같은 돈일지라도 그것을 각자의 생각에 따라 분류하기 때문에 그 가치를 다르게 평가한다고 합니다. 사람마다 마음속에 나름의 계좌를 설정한 뒤 이익과 손실을 계산하고 이로써 자신의 소비 행동을 통제하고 조절하려 한다는 설명입니다. 심리적 회계와 관련한 대표적인 실험을 함께 살펴볼까요.

상황 1

만 원을 주고 영화를 예매한 당신. 입장 시간이 되어 상영관에 들어가려는데 티켓이 보이질 않는다. 지금 당장 영화를 보려면 창구에 가서 다시 구매해야 한다. 당신이라면 어떻게 하겠는가?

상황 2

영화관에 가서 영화를 보기로 한 당신. 지금 만 원을 주고 영화 티켓을 구매하려는데 지갑에 있던 만 원이 사라졌다. 지금 당장 영화를 보려면 현금 만 원을 다시 인출해야만 한다. 당신이라면 어떻게 하겠는가?

합리적 경제인이라면 만 원짜리 영화 티켓을 잃어버린 것과 돈 만 원을 잃어버린 것을 똑같이 간주해야 합니다. 하지만 실제 통계 결과는 그렇지 않습니다.

실험 결과, 상황 1에서 다시 티켓을 구매한다고 말한 응답자는 46%에 불과했지만, 상황 2에서는 88%의 응답자가 티켓을 재구매할 이사가 있다고 밀했습니다.

왜 이런 차이를 보이는 걸까요? 그 이유는 사람들 마음속에 '영화 티켓 계좌'와 '현금 계좌'가 다르게 설정되어 있기 때문입니다. 이 두 계좌에 들어 있는 돈은 상호 대체, 교환이 되지 않습니다.

먼저 상황 1에서 영화 티켓을 잃어버린 경우 다시 표를 구매하려면 '영화 티켓 계좌'에서 만 원을 추가로 인출해야 합니다. 결과적으로 영화 한 편에 2만 원이나 주고 보는 건 그다지 합리적이지 않다고 생각하는 것이죠.

하지만 상황 2에서 현금 만 원을 잃어버린 건 만 원짜리 영화 티켓을 잃어버린 것과는 별개입니다. 그래서 만 원을 인출해 딱 그만큼 돈을 써서 영화를 관람하는 것이라고 생각하는 것이죠.

모든 사람에게는 각자 생활에 필요한 '생활비 계좌'를 비롯해 자기 계발에 필요한 계좌, 대인 관계 유지를 위해 필요한 계좌, 여가 생활을 위해 필요한 계좌 등 다양한 지출 계좌가 존재합니다. 이 모두가 다 자신의 것이지만 각각의 계좌는 서로 독립적으로 존재하지요. 계좌별로 들어 있는 금액에 대한 판단은 사람마다 다릅니다.

음악을 좋아하는 사람은 수십만, 수백만 원에 달하는 악기에 돈을 쓰는 게 하나도 아깝지 않습니다. 그렇지만 한 잔에 6천 원 하는 인기 있는 버블티는 비싸게 느끼죠. 차라리 안 먹으면 안 먹었지 그 돈을 쓰기 아까워합니다.

이것은 결국 앞에 나온 고민인 '배달 음식을 사 먹는 건 아깝지만, 신상 가방에는 두 달 치 월급을 기꺼이 쏟아붓는 문제'에 대한 답을 제시합니다. 그녀가 그렇게 행동하는 이유는 마음속에 서로 다른 두 계좌가 존재하며 그 둘에 대한 가치 판단이 다르기 때문입니다.

'심리적 회계'가 존재하는 이유는 무엇일까요? 리처드 탈러는 이것이 사람의 자기통제와 관련 있다고 주장합니다. 우리가 심리적으로 돈을 서로 다르게 관리하는 이유는 돈을 함부로 낭비하는 걸 막으려는 자기 노력의 일환이라는 얘기입니다.

심리적 회계 이론에 기초해 탈러는 한 단계 더 나아가 소비자의 효용을 두 부분으로 나누어 정리했습니다. 먼저 하나는 소비자가 물건이나 서비스를 구매한 뒤 심리적으로 느끼는 만족감을 일컫는 '심리적 효용'이며, 나머지 하나는 거래 가격과 연관된 '거래 효용'입니다. 이는 소비자가 물건의 실제 가격과 마음속 가격의 차이에 따라 느끼는 효용을 가리키는 것으로 소비자가 생각한 기준보다 물건의 가격이 낮을수록 이 효용이 커집니다.

마케팅에서는 이러한 심리를 잘 활용해 소비자가 본래 비싼 가격의 제품인데도 큰 거부감 없이 받아들이도록 하기도 하지요.

대표적인 예가 명절에 날개 돋친 듯 팔려 나가는 건강보조식품 '나오바이진腦白金'을 들 수 있습니다. 장폐색과 수면 개선에 효과적이라는 이 제품은 '올해 설에는 선물을 받지 않습니다. 나오바이진만 받습니다.'라는 슬로건을 내세워 광고 효과를 톡톡히 보았습니다. 사실 평소에 사려면 민만치 않은 가격인데 특별히 명절 선물로 제격이라는 이미지를 내세워 사람 마음속에 있는 '관계 유지' 계좌를 성공적으로 연 것입니다. 사람들은 1년에 한 번 정도 가족이나 가까운 지인을 위해 이 정도 선물은 합리적이라고 생각한 것이지요.

아이스크림 브랜드 하겐다즈 역시 마찬가지입니다. '사랑하는 사람이 있다면 함께하세요.'라는 카피 문구는 혼자 먹기에는 부담스러운 가격이지만, 사랑하는 연인, 소중한 사람과의 관계 유지를 위해서는 전혀 아깝지 않다는 이미지를 심어 주었습니다.

스마트폰도 예외가 아닙니다. 애플의 제품 가격이 다른 제품에 비해 훨씬 비싼데도 젊은이들에게 꾸준히 사랑받는 이유는 무엇일까요?

"아이폰은 씨즈캔디 같아요. 그걸 들고 있는 나 자신이 뭔가 한층 더 고급스럽고 아름다운 느낌이랄까요? 상상해 보세요. 멋진 캘리포니아의 한 남자가 씨즈캔디 한 통을 들고 여자 친구 집에 찾아가 선물로 주면서 그녀에게 살포시 입을 맞추는 장면을 말이에요. 너무 아름답지 않나요? 그래서 사람들이 씨즈캔디 가격이 비싸지만 받아들이는 거예요. 우리에게 진짜 필요한 건 부드러운 입맞춤처럼 아름답고 행복한 느낌, 그런 기억을 주는 제품이거든요. 아이폰은 소비자들에게 그런 특별함을 선물해 줘요. 그래서 애플만의 생태계 안에서 뭔가 다른, 남들과는 구별되는 특별함을 느끼는 거예요."

아이폰을 쓰는 한 젊은 여성의 인터뷰에서도 알 수 있듯 인간의 생각과 행동은 소위 '합리적인 경제인'보다 훨씬 더 복잡하고 미묘합니다. 사람은 완전히 이성적인 존재가 아니라 부분적으로 이성적인 존재입니다. 우리에겐 강인한 의지력이 아닌 제한적인 의지력이 있을 뿐입니다.

6장

귀인 편향, 선택 편향, 확증 편향….
편향이 잘못된 선택으로 이끈다

합리적이지 못한 인간의 경제적 편향

무수히 많은 편향에 관한 진실

> 행동경제학에서 인간은 '비합리적 경제인'이라는 사실을 알려 주지만, 대체 어떤 방면에서 비합리적인지 구체적으로 알 수 있으면 더 좋을 것 같습니다. 그러면 조금 더 합리적으로 사고하고 행동해서 한층 더 윤택한 삶을 살 수 있을 것 같아요.

귀인 편향:
객관적 요소 강조 vs. 주관적 원인 강조

주류 경제학에서 뻗어 나온 행동경제학은 2002년 대니얼 카너먼이 노벨경제학상을 수상한 이후 대중의 큰 사랑과 관심을 받기 시작했습니다. 행동경제학자들은 특정 상황에서 경제학의 핵심 이론이 대다수 행동의 결과를 해석하지 못한다는 사실에 집중했어요. 그들은 그러한 행동의 결과들이 이론과 큰 편차를 보인다는 걸 발견했고, 심지어 때로는 결과와 이론이 완전히 상반되는 것을 보았습니다. 그 후로 행동경제학은 이러한 '편차'를 집중적으로 연구하기 시작했지요. 지금부터 이 편차들을 소개해 보겠습니다. 이 편차를 알고 나면 비이성적인 자신의 경제행위를 이해하는데 큰 도움이 될 겁니다.

어떻게 하면 행동경제학을 활용해 자신의 비이성적인 행위를 잠재울 수 있을까요? 다음의 몇 가지 전형적인 인지 편차에 관한 사례를 읽어 보며 함께 생각해 봅시다. 어쩌면 우리는 자신을 '절대적인 이성인'으로 냉정하게 훈련할 수 없는지도 모릅니다. 그러나 '비이성적'인 행동이 의사결정에 어떤 영향을 주고 편차를 일으키는지 알고 나면 세상의 법칙을 조금 더 명확히 이해할 수 있을 거고, 앞으로 어떠한 의사결정을 내릴 때 조금 더 확실한 선택을 할 수 있을 거예요. 그리고 많은 경우 이 '조금 더'의 확신이 당신에게 생각지 못한 이득을 안겨 주기도 할 겁니다.

H는 최근 사랑에 빠졌다. 그녀는 남자친구와 자주 데이트

를 즐겼다. 그런데 얼마 지나지 않아 남자친구의 인성에 문제가 있다는 생각이 들기 시작했다. 그녀는 친한 친구에게 하소연했다.

"그 사람은 왠지 나한테 마음이 없는 것 같아. 데이트할 때마다 늘 지각한다니까? 나랑 약속 시간을 몇 번이고 확인해 놓고도 자꾸만 늦어. 서운하다고 말하면 그때마다 회사에서 나오기 직전에 갑자기 일이 생겨서 마무리하느라 늦었대. 근데 내가 보기엔 그 사람 마음에 내가 최우선이 아닌 것 같아."

"그렇구나. 너에게 진심으로 사과는 하니?"

"하지. 그런데 죄다 변명으로 들려. 한 번도 객관적인 이유를 설명한 적이 없다니까? 듣고 있으면 열불이 나 죽겠어 정말."

H의 이야기를 듣다가 친구는 한 번도 만나 본 적 없는 그녀의 남자친구에 관해 이런 결론을 내렸다.

"항상 지각하면서 늘 변명만 늘어놓는구나. 시간 개념도 없고, 약속을 중요하게 생각하지도 않는 사람인가 보다. 그건 상대를 존중하지 않는 거랑 같아. 그 사람 인성에 문제가 있어 보이네."

늘 약속 시간에 늦는 건 분명 좋은 습관은 아닙니다. 어떻게 보면 여자친구를 존중하지 않는 것 같기도 하고, 정말 그녀가 그의 삶에서 최우선 순위가 아닌 것 같기도 해요. 한발 더 나아가 생각해 보면 그 사람 인성에 문제가 있는 것 같기도 하고, 타인과의 약속을 가볍게 여기는 경향이 있는 것 같기도 합니다. 그런데 정말 그 남자가 H를 중요하게 생각하지 않아서 그런 걸까요? 혹시 남자는 정말 약속 시간을 칼같이 지키고 싶은데 자꾸만 상사가 꼭 퇴근 시간 직전에 일을 시키는 거라면, 그리고 절대 그걸 어길 수 없는 사내 문화가 형성되어 있다면 어떨까요?

위에 등장한 사례는 전형적인 '귀인 편향Attribution Bias'에 해당합니다. 귀인 편향이란, 자신 또는 타인의 어떠한 행동에 대해 평가하거나 그 이유를 찾으려고 할 때, 심리적인 요소에 치우쳐 외적인 요소를 간과하거나 지나치는 인지적 경향입니다. 쉽게 말해 한 사람의 됨됨이나 행동을 평가할 때 그가 처한 환경이나 상황은 보지 않고 오로지 그것이 그 사람의 인품이나 인성과 관련 있다고 판단해 버리는 것입니다.

귀인 편향은 왜 생기는 걸까요? 일반적으로 두 가지 이유가 있습니다.

첫째, 개인의 성격이나 기질 등의 내적 요소가 그가 처한 환경이나 상황 같은 외적 요소보다 훨씬 더 쉽게 드러나고 눈에 띄기 때문입니다. 그래서 한 사람이 보이는 행위의 결과를 그 사람의 개인적 특징으로 간주하는 것은 매우 자연스러우면서도 습관적인 인지적 경향으로 봅니다.

둘째, 사람들은 어떤 일이든 원인을 찾으려는 경향이 있습니다. 이는 그러한 것을 독려하고 장려하는 사회적 분위기에서 성장했기 때문입니다. 사회는 개인의 성장과 성공을 장려하며, 그것을 위한 충분한 시간과 기회를 주는 동시에 자신의 행동에 책임을 져야 할 의무를 강조합니다.

이렇듯 개인의 권리와 의무, 성장을 중시하는 사회적 기준이 확립된 환경 속에서 자란 사람들은 어떠한 결과의 이유를 찾을 때 외적 환경이 아닌 개개인에게 초점을 맞추는 경향이 있습니다.

이러한 편향은 행위자인 당사자와 관찰자 사이의 생각과 인지에도 고스란히 반영됩니다. 즉, 똑같은 행동이더라도 그것을 바라보는 행위자와 관찰자의 견해에 분명한 편차가 드러나는 것이지요. 연구에 따르면 행위자는 보통 자기 행동의 원인을 주로 '외적인 요소'에서 찾는 반면, 관찰자는 그 원인을 행위자 개인의 '내적 요소'에서 찾습니다. 가령 내가 회사 출근이 늦었을 때는 '차가 막혀서'라는 외적 요인으로 생각하고, 다른 사람이 지각했을 때는 '그 사람이 게을러서'라는 내적 요인으로 생각하는 경향이 높다는 것입니다.

이러한 인지적 편향은 양측이 서로 다른 입장에서 다른 곳을 바라보기 때문에 생겨납니다. 보통 관찰자는 이상적인 각도, 상식적인 논리에서 원인을 규명하려 합니다. 가령 그들이 생각하기에 사람이라면 입으로 내뱉은 말은 반드시 지켜야 하며, 약속 시간을 정했으면 무조건 지켜야 합니다. 물건을 빌렸으면 반드시 주인에게 돌려줘야 하고 친구라면 서로 도와줘야 하는 것이죠. 일단 상식에 어긋나는 행동을 하면 그 원인을 행위자의 개인적인 소양, 인품에서 찾으려 합니다. 하지만 행위자 당사자는 구체적인 상황에서 출발해 자신이 처한 특수한 상황을 더 강조합니다. 예를 들어 물건을 빌렸지만 돌려주지 못한 건 너무 바빠서 시간이 없었기 때문이며, 약속 시간에 늦은 건 갑자기 급한 일이 생겨 자리를 떠날 수 없었기 때문이죠. 그런 의미에서 본다면 사람과 사람 사이에 오해가 생기는 이유도 이러한 귀인 편향 때문인 걸 알 수 있습니다.

관찰자는 종종 행동의 원인을 행위 당사자의 내적인 요소에서 찾으려는 경향이 강합니다. 병원에서 의사와 환자 사이에 다툼이 일어나는 경우가 종종 있어요. 환자 본인은 매우 심각한 병에 걸렸다고 생각하는데 의사는 그에 비해 다소 차갑고 사무적인 태도로 진료를 한다는 이유에서입니다. 심지어 환자는 자신이 기대했던 것만큼 의사가 '친절하게' 진료해 주지 않았다는 데 불만을 토로하기도 하지요. 그러나 이는 의사라는 직업적 특성을 간과한 것입니다. 그들은 매일 셀 수 없이 많은 환자를 만나며 각양각색의 통증과 사례를 접합니다. 그들의 책임은 정확한 진단을 하고 치료를 하는 것이지, 환자의 상황에 연민을 느끼고 슬퍼하는 것이 아니에요.

이렇듯 사람들은 어떠한 원인을 규명할 때 자신의 관점에서 혹은 자신에게 유리하게 상황을 인지하려고 합니다. 경제학에서는 이를 '자기중심적 편향Self-centered Bias'이라고 합니다.

자기중심적 편향이란, 좋은 상황이나 행동, 성공의 원인은 자신에게 돌리고, 그렇지 않은 상황이나 행동, 실패의 원인은 외부 환경이나 타인에게 돌리려는 경향입니다. 성적이 우수한 학생은 자신이 열심히 노력한 덕분에 얻은 결과라고 말하지만, 그렇지 않은 학생은 선생님이 잘 못 가르쳤거나 문제가 너무 까다로웠다고 말하죠. 알다시피 시험을 치르다 보면 점수가 잘 나올 때도 있고 그렇지 않을 때도 있습니다. 성적에 영향을 주는 요인은 시험 난이도나 개인의 학습 정도, 운 등 다양하니까요. 그것의 원인을 분류해 보자면 시험 난이도나 개인의 지능 등과 같은 '안정적인 요소'와 개인의 노력이나 운 등 '불안정한 요소'로 나눌 수 있습니다. 이러한 요소 중에는 개인의 노력 등 스스로 통제 가능한 것도 있지만, 시험 난이도나 지능처럼 통제 불가능한 것도 있지요.

그러니 어떤 사건의 원인을 찾을 때 먼저 무엇이 안정적 요소이며 내부적으로 통제할 수 있는지를 파악해야 합니다. 이를 통해 자신의 능력과 내면의 힘을 키울 수 있지요. 아울러 통제가 어려운 요소들을 이해하면 자신이 바꿀 수 없는 상황을 겸허히 받아들일 수 있습니다. 그러면 패배감이나 좌절감, 무력감에서 벗어나 자신감을 유지할 수 있습니다.

앞에 등장했던 사례에서처럼 사랑하는 연인 사이에 감정적 갈등이 일어나는 이유 역시 이러한 귀인 편향에서 비롯할 때가 많습니다. 사랑했던 사람과 이별할 때면 사람들은 이런저런 이유를 찾습니다. 연인 사이에서도 행위자와 관찰자는 귀인 편향의 영향으로 생각에 편차를 보입니다. 연인 A는 제삼자의 등장이라든가 상대의 치명적인 비밀이나 단점을 예로 들며 사랑이 식어 버린 것은 어떤 특정 상황 탓이라고 말합니다. 과거에 했던 싸움이나 상대가 데이트 약속을 어긴 일, 생각지도 못하게 발생한 사고 등 외적인 요소들이 이유가 되기도 합니다. 하지만 반대로 연인 B는 또 다른 입장에서 생각합니다. '사랑할 때는 응당 이렇게 해야 한다'는 가설을 세우고 상대가 거기에 어긋나는 행동을 하면, 그것을 그 사람의 성격과 능력 문제라고 간주합니다. 또한 상대가 너무 고집스럽고 지나치게 가부장적이며 쉽게 화를 낸다는 등 내적인 요소를 지적합니다.

어떤 의미에서는 감정적 필요 때문에 귀인 편향이 나타나기도 합니다. 성공이나 기분 좋은 행동은 즐거움, 행복, 만족감 등과 같은 긍정적 정서와 연결되지만, 실패나 기분 나쁜 행동 등은 고통, 슬픔, 상실 같은 부정적 정서와 연결됩니다. 사랑에 실패한 사람은 정서적으로 매우 깊은 암흑기에 들어가기 때문에 심리적으로 조절이 필요하지요. 이때 잘못의 원인을 상대에게 전가하면 그 암흑의 구렁텅이에서 빠져나오는 데 조금은 도움이 됩니다. 한편으로는 자기 보호의 개념도 있습니다. 남에게서 이유를 찾아야 자신의 가치를 인정받고 남에게 '그 사람은 아니지만 나는 좋은 사람'이라는 이미지를 남길 수 있기 때문이죠.

반면 자기중심적 귀인 편향과 달리 사랑이 끝나버린 이유를 오로지 자신의 탓으로 돌리는 사람들도 있어요. 그들은 연인과의 관계에서 감정적으로 다소 낮은 위치에 있는 사람들입니다. 상대를 훨씬 더 많이 좋아했거나 정서적으로 크게 의존했거나 상대에게 존경심, 나아가 경외심을 지닌 사람들인데요. 이별 직후 그들은 철저한 고통과 아픔, 상실감에 빠집니다. 그다음에는 자기 능력에 의구심을 품습니다. 본인이 못나서, 본인이 모자라서 상대가 자신을 버렸다고 자책하다가 심지어 전 연인에게 연락해 다시 돌아와 달라고 애원하거나 말도 안 되는 양보와 희생을 하면서 상대를 곁에 두려고 합니다.

결론적으로 이 두 가지 편향은 모두 건강한 방식이 아닙니다. 물론 감정적으로 귀인 편향이 일어나는 건 어쩔 수 없는 현상인지도 모릅니다. 하지만 우리가 어떤 판단을 내릴 때, 귀인 편향의 영향을 받을 수 있다는 걸 인지하면 그 이후에는 행위자의 각도에서 벗어나 관찰자의 시선으로 자신의 행동을 평가할 수 있습니다. 그러면 나도 모르게 자기중심적으로 생각했다는 걸 발견할 수 있지요. 그런 경험이 반복되면 자신의 감정을 조금 더 객관적으로 평가할 수 있을 것이며, 어떤 사건의 발생 원인을 좀 더 정확하게 규명할 수 있습니다. 그렇게 우리는 지금보다 더 나은 나의 모습으로 성장할 수 있을 거예요.

가용성 편향:
머릿속에 쉽게 떠오른 정보가 전부는 아니다

여행을 하게 된 당신. 비행기와 기차, 자동차 중 어떤 것을 선택하겠습니까? 당신이 생각하기에 이 중 가장 위험한 교통수단은 무엇인가요?

아마 비행기를 선택하는 사람이 굉장히 많을 거예요. 실제로는 어떨까요? 국제항공운송협회(IATA)에서 2020년에 발표한 〈항공 안전 보고 및 민간 항공안전실적〉에 따르면, 항공 관련 사고는 2019년의 52건에서 2020년 38건으로 감소했으며, 그중 치명적인 사고 건수는 2019년 8건에서 2020년 5건으로 줄어들었습니다.

이것은 항공기 운항 백만 번당 1.71건에 달하는 비율로 과거 5년간의 평균(백만 번당 1.38건)보다 조금 높은 수치입니다. 과거 5년 평균 수준과 비교하면 사망 위험은 평균 0.13으로 여전합니다. 하지만 이것은 한 사람이 비행기를 461년 동안 탑승했을 때 한 번쯤 겪을 만한 확률입니다. 치명적인 사고의 경우는 2만 932년이 걸립니다. 항공기의 안전성을 확인할 수 있는 수치입니다.

도로교통은 어떨까요? 세계보건기구(WHO)에서 제공한 데이터에 따르면, 전 세계에서 도로교통사고로 인해 발생하는 사망자 수는 약 125만 명에 달합니다. 매일 3,500명이 교통사고로 목숨을 잃는 셈입니다. 이는 보잉747 비행기 10대에 탑승할 수 있는 승객의 수를 합친 것과 같지요. 그뿐만 아니라 매년 수천만 명이 관련 사고로 인해 부상을 입거나 불구가 됩니다. 아래 나온 데이터를 보면 조금 더 명확한 대비가 가능합니다.

이동수단별 10억 km당 발생하는 사망자 수

0.05명 — 비행기
0.4명 — 버스
0.6명 — 기차
1.2명 — 화물차
2.6명 — 수로 교통
3.1명 — 자동차
54.2명 — 보행자

사고 발생의 비율로 교통수단의 안전성을 따진다면 비행기가 가장 안전합니다. 그런데 왜 우리는 비행기가 더 위험할 거라고 생각하는 걸까요?

한번 상상해 보세요. 당신은 오늘 비행기를 타고 다른 도시로 출장을 가기로 했습니다. 아침 일찍 일어나 짐을 챙겨 공항으로 나서려는 순간, 텔레비전 뉴스에서 어젯밤 모 국가 상공에서 발생한 사고 소식이 흘러나왔어요. 280명의 승객을 태운 비행기가 바다로 추락해 탑승객 전원이 목숨을 잃었다는 내용입니다. 화면에는 비행기의 추락

장면이 반복적으로 나옵니다. 당신이라면 어떻게 할까요? 비행기 표를 취소하고 다른 교통수단을 이용하지 않겠습니까?

매스컴에서 추구하는 것은 '화제성'입니다. 그래서 사람들이 주목할 만한 사건과 이슈를 대대적으로 보도하지요. '쌀로 밥 짓는' 격의 늘 일어나는 일상적인 일은 보도할 필요가 없습니다. 비행기 추락 사고는 흔히 일어나지 않아요. 하지만 매번 매스컴에는 잔혹하고 아찔한 사진과 영상, 목소리와 목격자 증언 등을 활용해 사고의 생생함과 긴박함, 현실감을 더하지요. 이를 접한 사람들은 우뇌에 충격을 받고 지울 수 없는 인상을 남깁니다. 나아가 이는 사람들의 정서 반응에도 영향을 주어 항공 재난 발생의 가능성을 확대해석하게 하는 겁니다.

사람은 어떤 정보를 접했을 때 쉽게 연상되는 장면이나 이미지로 발생 가능성을 평가합니다. 그래서 생생하게 기억에 남는 일일수록 별다른 인상이 없거나 잘 기억나지 않는 일보다 훨씬 더 많이 발생할 거라고 생각하는 거예요. 이러한 심리적 편향을 '가용성 편향Availability Bias'이라고 합니다.

예를 들어 봅시다. 당신이 20km 거리를 운전해 친구를 공항에 바래다주었습니다. 친구는 비행기를 타고 750km 떨어져 있는 지역으로 떠날 예정입니다. 당신은 친구를 배웅하며 "가는 길 조심해."라고 말했지만, 사실 이는 매우 아이러니한 상황입니다. 당신이 다시 20km를 운전해서 집으로 돌아가는 동안 사고가 발생할 확률이 친구가 비행기를 타고 750km를 날아가는 동안 사고가 발생할 확률보다 2배 이상 높기 때문이지요. 당신이 집에 가는 길이 훨씬 더 위험한데도 그와 관련해 가장 빨리 떠오르는 생생한 사건이나 정보, 사례가 없기 때문에 친구의 평안을 빌어 주는 게 더 합리적이라고 생각합니다.

보험회사들은 대형 재난이나 재해가 발생한 후 사람들의 보험 가입률이 눈에 띄게 증가한다는 사실을 발견했습니다. 실제로 미국 캘리포니아의 한 지역에서 있었던 일입니다. 해당 지역은 역사적으로 지진 발생 가능성이 매우 낮은 곳이었습니다. 그래서 주민들은 부동산을 위해 지진 보험을 별도로 들지 않았어요. 그런데 보기 드문 지진이 한 차례 발생한 뒤, 1년 안에 보험 가입자 수가 현저히 증가했습니다. 하지만 1년 정도가 지나자 사람들의 기억이 점차 희미해지면서 보험 가입자 수도 다시 예년 수준으로 돌아갔습니다.

회사에서 매년 실시하는 인사 평가도 마찬가지입니다. 팀의 리더는 직원들의 업무 평가를 시행할 때 최근 2~3개월 동안의 실적으로 1년 전체를 평가하는 경향을 보입니다. 최근 두세 달의 기억은 또렷하지만, 시간이 오래되면 될수록 그렇지 않기 때문이죠. 그래서 인사 평가를 앞둔 대목에서 탁월한 실적을 올린 직원일수록 높은 점수를 받습니다.

특별히 생생한 기억과 충격을 준 사례들을 사실 정확한 데이터와 이론을 근거로 다시 분석해 보면 과대평가된 경우가 많습니다. 그런데도 우리는 일상에서 명확한 수치보다는 머릿속에 쉽게 떠오르는 '가용성' 정보를 활용하려고 합니다. 그 결과 무언가를 선택하고 의사결정을 내릴 때 이 '가용성 편향'의 우를 범하기도 합니다. 연말 연예 대상 시상식에서 하반기에 활약한 스타들이 상을 잘 받는 이유도, 스피치 대회에서 생생한 에피소드를 활용한 연사가 청중의 마음을 더 잘 움직이는 이유도, 프레젠테이션을 잘하는 창업자가 투자자들에게 더 인기 있는 이유도 다 그 때문입니다.

그러나 이성적인 사람이라면 과학적인 검증과 통계 결과를 더 신뢰해야 합니다. 머릿속에 쉽게 떠오르는 이미지나 정보가 아닌 데이터와 수치를 활용해야만 상황을 더욱 객관적으로 평가할 수 있어요.

선택 편향:
답은 이미 정해져 있다

'선택 편향Selection Bias'은 자기가 좋아하는 대상이나 명제를 이미 확정해 놓고 그 확증을 뒷받침하는 증거를 찾는 데 몰입하는 경향을 말합니다. 이러한 선택 편향은 특히 투자 분야에서 잘 드러납니다.

1974년, 아모스 트버스키와 대니얼 카너먼으로 대표되는 경제학자들은 "투자자들은 제한적인 정보를 가지고 투자한다. 그렇기 때문에 자신이 알고 있는 정보를 굳건하게 신뢰하고 때로는 그것을 확대해석한다."라고 말했습니다.

대다수 투자자는 '좋은 기업＝좋은 주식'이라고 굳게 믿습니다. 그러나 이 역시 일종의 선택 편향입니다. 이러한 오류가 발생하는 이유는 투자자들이 '좋은 회사의 주식'과 '좋은 주식'의 개념을 따로 구분하지 않고 뒤섞어서 생각하기 때문이지요. 사실 '좋은 회사'의 주식도 가격이 지나치게 높아지면 얼마든지 '나쁜 주식'으로 전락할 수 있습니다. 물론 이것은 가설일 뿐, 자본주의 시장에서 그런 일이 일어날 가능성은 드문 현상이긴 합니다.

어떻게 보면 이러한 인지 편향은 우리가 일상을 조금 더 단순하게, 긍정적으로 살아내기 위해 생겨난 방법이기도 합니다. 그래서 선택 편향은 우리가 삶을 인식하고 사물을 인지하는 과정의 일부라고 보는 사람들도 있습니다.

확증 편향:
결과에서 원인을 찾는다

S는 대학을 졸업하고 숱한 면접 끝에 수십 명의 라이벌을 제치고 당당하게 대기업에 취업했다. '이제 꽃길만 걷는 건가.' 싶었는데 회사에 들어가 보니 상사와 동료들이 모두 만만치 않았다. 막 들어온 신입이라고 무시하는 사람도 있었고, 특히 상사는 하는 일마다 사사건건 꼬투리를 잡았다.

그는 동료들도 어쩐지 자신을 겨냥해서 일부러 괴롭히는 것 같다고 생각했다.

처음에는 그냥 조금 우울했다. 그러다가 그들이 자신을 지능적으로 괴롭히고 있다는 생각이 들기 시작했다. 하지만 심증만 있을 뿐, 정확한 증거는 없었다. 그런데 얼마 지나지 않아 하나둘씩 증거가 나오기 시작했다.

그가 보기에 상사는 출근길에 다른 직원들과는 웃으며 인사를 나누면서 유독 자신에게만 냉담했다. 인사를 아예 받지 않는 날도 있었다. 과중하게 업무를 시키는 날도 많았다. 다른 직원들은 자신만큼 바쁜 것 같지는 않았다. 동료들도 자기만 빼고 사이가 좋아 보였다. 퇴근 후에는 삼삼오오 모여서 함께 맥주도 한잔하는 것 같았는데 자신에게는 오라는 소리를 안 했다. 그들은 늘 자신만 따돌리고 붙어 다녔다. 심지어 청소 아주머니까지도 본인을 차별하는 것 같았다. 다른 직원들의 자리는 정성스레 치워 주면서 본인 자리만 대충 청소해 주는 것 같았다.

S는 자신이 원하는 결론을 도출하기에 충분한 증거들을 모았습니다. 하지만 그는 심각한 함정, 바로 '확증 편향Confirmatory Bias'이라는 함정에 빠져 있는 것이죠. 확증 편향이란, 자신의 신념과 일치하는 정

보는 받아들이고, 그렇지 않은 정보는 무시하는 경향을 가리킵니다. 다시 말해 자신의 가치관, 기대, 신념, 판단에 부합하는 확증적인 정보만을 선택적으로 인지하는 편향된 현실 인식 방식을 뜻하지요. '자기중심적 왜곡Myside Bias'이라고도 합니다.

확증 편향은 자신의 판단을 지나치게 옳다고 확신하며 그것을 쉽게 바꾸지 않습니다. 자신의 확신과 관련한 정보가 두 가지 이상 나타나면 사람은 그것을 자기 확신과 함께 주목하며 연계시켜서 기억하는데, 이 과정에서 지각과 기억의 왜곡이 발생합니다.

예를 들어 사람들 모두 A라는 사람이 외향적인 성격이라고 생각한다고 합시다. 그러면 사람들은 A의 행동이나 말 중에 특별히 외향적인 요소와 연관된 것에 집중하고 이것을 쉽게 기억에 저장합니다. A가 외향적인 요소와 무관한 모습을 보이면 거기에는 별로 신경 쓰지 않아요. 같은 이치로 사람들은 사회에 각인된 이미지에 따라 각 개체를 평가할 때가 많은데, 이때도 자신의 머릿속에 심어진 정보와 연결해 생각합니다.

확증 편향은 주로 자신의 입장을 미리 설계하고 확정해 놓기 때문에 발생합니다. 사람은 특정 사건을 대할 때 선택적으로 기억하고 부분적으로 정보를 흡수합니다. 자신에게 불리한 정보는 무시하지요. 이로써 자기 생각이 완전하다는 것을 증명하려 합니다.

이러한 인지 편향은 특히 감정 문제나 전통적 관념에서 두드러집니다. 사람들은 자신이 기존에 믿어 왔던 전통적인 관념이나 생각을 바꾸는 데 쉽게 거부감을 느낍니다. 또 우열이나 잘잘못을 가리기 힘든 사실과 관련해서는 자신에게 유리한 쪽으로 해석하려는 경향을 보입니다.

이와 관련해 한 심리학자가 재미있는 실험을 했습니다. 그는 남성들을 두 그룹으로 나눈 뒤 전화기를 나누어 주고 모르는 여성과 통화하게 했습니다. A그룹에게는 상대 여성의 외모가 매우 아름답다고 얘기해 주었고, B그룹에게는 그저 그런 외모라고 말해 주었지요. 실험 결과는 어땠을까요? A그룹의 대화가 B그룹보다 훨씬 더 재미있고 활기 넘쳤으며 오래 지속되었습니다. 남성들은 '예쁜' 여성과 대화를 나눌 때 더 유쾌하고 친절한 모습을 보였으며, 상대의 말에 호응을 많이 해 주는 것으로 나타났습니다.

투자 분야에서도 이 문제는 매우 심각합니다. 한번 특정 회사의 주식을 매수하면, 특히 많은 시간과 노력을 들여 연구하고 분석한 후의 매수 결정이라면, 확증 편향이 일어나기 쉽습니다. 회사의 성장과 관련한 정보를 수집하고 분석할 때 회사에 '유리한 소식'을 선택적으로 취하고, '불리한 소식'에는 반감을 갖고 거부하는 경향을 보이지요. 심한 경우 자신의 의견과 반대되는 생각을 말하는 사람에게는 인신공격을 가하기도 합니다.

하지만 정말 현명한 리더는 이 두 종류의 관점과 정보를 이성적으로 받아들여야 합니다. 반대되는 의견이 있다면 경각심을 갖고 그것이 회사에 가져올 위험성에 관해 정확히 분석할 수 있어야 해요. 늘

경계하면서 열린 마음을 가진 사람만이 확증 편향에서 벗어날 수 있습니다.

지금까지 우리 일상에 존재하는 여러 인지 편향을 알아보았습니다. 누군가는 이토록 많은 인지 편향을 극복하는 확실한 방법이 없냐고 물어볼지도 모르겠어요. 안타깝지만 인지 편향을 철저하게 없애는 방법은 없습니다. 모든 경험에는 한계가 있고 주관적인 요소도 완전하게 극복할 수 없기 때문이죠. 따라서 사람들의 이성과 인지에 제한성이 있는 건 어쩌면 너무나도 당연한 일입니다. 특정 영역에서 아주 오랫동안 수련을 한다면 인지 편향을 최소화할 수는 있어요. 하지만 이러한 편향은 언제나 부지불식간에 무의식의 영향을 받기 때문에 조금만 주의를 기울이지 않으면 함정에 빠지기 마련입니다.

그러나 인지 편향이 있다고 해서 두려워할 건 없습니다. 그보다 더 무서운 건 자신이 편향을 범하고 있는지조차 깨닫지 못하는 '맹점 편향Bias Blind Spot'이거든요. 이러한 오류에 빠진 사람들은 다른 사람의 주장은 편향이라고 여기고, 자신의 비합리적인 주장은 편향이 아니라고 생각합니다.

인지 편향을 완전히 없앨 수는 없지만 우리는 수시로 자신이 인지적 편견과 오해, 편향에 빠질 수 있다는 사실을 자각함으로써 맹점 편향을 피해 갈 수 있습니다. 이로써 조금 더 다양한 각도에서 자신과 주변의 사물을 객관적으로 인식할 수 있을 겁니다.

7장

갈수록 정보 비대칭은 더 심각해지고 있다
정보를 많이 가진 사람이 선두에 선다

정보가 넘쳐나는데
왜 정보 격차는 심해질까?

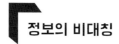 정보의 비대칭

요즘 등장하는 인터넷 광고 중에 '중간 마진 없는 직거래!' 등의 문구를 종종 봅니다. 이런 문구를 보다 보면 그동안 우리가 얼마나 많은 중간 수수료를 내고 살았는지 의문이 들어요.

인터넷은 정말 이 시대의 위대한 발명 중 하나인 것 같습니다. 사람들은 인터넷을 통해 무궁무진한 지식과 정보를 습득하게 되었고, 모든 것을 손가락 터치 하나로 가볍게 해결하는 세상을 살아갑니다.

그럼 이렇게 인터넷을 통해 언제 어디서든 쉽게 정보를 얻을 수 있으니, 기존의 중간 플랫폼들은 이제 돈을 벌 수 없게 된 걸까요?

단순히 생각해 보면 중개업체를 거치지 않을수록 소비자들은 더 돈을 아낄 수 있는 것이 아닐까 하는 생각이 듭니다.

우리에게 중개업체가
필요한 이유

집을 계약할 때 왜 공인중개업체가 필요할까요? 기업은 왜 재무제표를 작성하고 회계 법인에 감사를 맡길까요? 앞에서 살펴봤던 것처럼 우리 삶에 '비정상적'인 경제 현상들이 수없이 존재한다고 가정하면 모든 중개업체는 말도 안 되는 이유로 수수료를 받아 가는 것 아닐까요? 그런데도 왜 사람들은 중개업체들의 서비스를 포기하지 못하는 걸까요?

한 농부가 하루는 배밭에서 일을 하던 중 발밑에 뭔가 걸리는 게 있어 땅을 파 보았다. 땅속에는 한 번도 보지 못했던 옥색의 커다란 돌이 숨겨져 있었다. 농부는 무슨 물건인지 궁금해 평소 마을에서 박식하기로 소문난 이웃의 집으로 들고 갔다. 그는 그것이 보기 힘든 귀한 옥석이라는 걸 단박에 알아챘지만, 그 사실을 농부에게 알리지 않았다.

"불길한 돌멩이요. 어서 내다 버리시오. 그러지 않으면 자네 집안이 큰 화를 입게 될 거요."

망설이던 농부는 그래도 옥석을 버리지 않고 집에 들고 돌아갔다. 그는 방 한편에 옥석을 두고 무슨 일이 일어나는지 지켜보기로 했다.

그날 밤, 갑자기 옥석에서 환한 빛이 새어 나오기 시작했다. 조금 뒤 옥석은 집 전체를 비추기 시작했다. 환한 대낮처럼 온 집이 밝아졌다. 지금껏 살면서 한 번도 보지 못했던 신기한 광경에 농부는 깜짝 놀라 온몸이 굳어 버렸다. 다음 날, 날이 밝자마자 그는 이웃의 집으로 달려가 간밤에 있었던 일을 이야기했다.

"제가 말하지 않았습니까. 그 돌멩이 안에 사는 요괴가 장난을 친 것입니다. 지금 당장 내다 버리지 않으면 더 큰 화를 입게 될 겁니다."

이웃의 말에 잔뜩 겁을 먹은 농부는 그길로 한달음에 집으로 달려가 옥석을 가지고 나와 최대한 집에서 멀리 떨어진 들판에 버리고 돌아왔다. 농부를 몰래 뒤쫓았던 이웃은 그가 버린 옥석을 들고 돌아왔다. 그리고 다음 날 임금에게 그것을 바쳤다.

이튿날, 임금은 감정사들을 불러 모았다. 옥석을 본 감정사들은 하나같이 깜짝 놀라며 말했다.

"경하드립니다. 이는 보기 드문 희대의 보물로 돈으로는 감히 그 가치를 환산할 수 없습니다. 세상에 각양각색의 옥석이 존재하지만, 이 옥석과는 그 아름다움과 가치를 견줄 수 없을 것으로 아뢰옵니다."

임금은 기쁨에 가득 차 옥석을 바친 그를 불러 황금 천 냥

을 하사했고 당대 최고 관원들이 누리는 대우를 평생 받으
며 살도록 지시했다.

교활한 이웃은 사기를 치고 녹봉을 받으면서 여생을 떵떵거리며
살았지만, 선량한 농부는 아무것도 모른 채 평생을 가난하게 살았습
니다. 농부로서는 억울하기 그지없는 일입니다. 그런데 한번 생각해
볼게요. 이웃 남자가 옥석을 손에 넣을 수 있었던 이유는 무엇일까
요? 바로 전문 지식 때문입니다. 그는 옥석을 감별하는 전문 지식이
있었고 농부는 없었어요. 경제학에서는 이를 가리켜 '정보의 비대칭
Information Asymmetry'이라고 합니다.

정보의 비대칭 이론은 시장에서 이루어지는 거래에서 쌍방이 가진
정보에 차이가 있는 현상을 말합니다. 상대적으로 정보가 많은 쪽을
정보 우위, 반대를 정보 열위에 있다고 합니다.

이 이론에 따르면 시장에서는 판매자가 구매자보다 관련 상품에
대한 정보를 더 많이 가지고 있습니다. 정보를 더 많이 가진 쪽은 그
렇지 않은 쪽에 믿을 만한 정보를 전달해 주기 때문에 시장에서 이익
을 취할 수 있지요. 반면, 둘 중 정보가 적은 쪽은 상대에게 더 많은
정보를 얻어내려고 항상 노력하기 때문에 시장에서는 정보의 비대칭
문제가 어느 정도 보완되는 현상이 나타납니다.

그런데 거래에서 정보가 불투명해지면 곧바로 정보의 비대칭 문제

가 나타납니다. 이는 거래 비용 및 거래 기회와 직접 연관이 있어서 결국 대리인을 통해 신뢰 문제를 해결해야 하는 결과를 초래합니다.

대부분은 정보의
열세에 위치

고전 경제학에 두 가지 중요한 전제 조건이 있습니다. 사람은 '합리적 경제인'이라는 것과 언제나 '완벽한 정보'를 가지고 있다는 것입니다. 또 이 두 가지가 서로 긴밀하게 연결되어 있다고 주장하지요. 그도 그럴 것이 정보가 완벽해야 인간이 이성적으로 행동하는 존재라는 가설이 비로소 성립하기 때문입니다.

소위 '완벽한 정보'라는 것은 정보가 '대칭'을 이룬다는 뜻입니다. 쉽게 말해 '내가 알고 있는 걸 다른 사람도 똑같이 알고 있고, 그 사람이 알고 있는 것 역시 내가 다 알고 있다'는 의미입니다. 이런 맥락에서 보면 소위 정보는 모두가 아는 '일반 상식'에 해당합니다.

아울러 고전 경제학은 모든 사람이 정보를 취득하는 시간 역시 동일하다고 봅니다. 완벽한 이성인의 세계에서 시장에는 전능한 존재, 즉 '보이지 않는 손'이 존재하기 때문이지요.

그런데 현실은 어떨까요? 일단 모든 선택은 완벽한 정보를 전제로 이뤄지지 않습니다. 완벽해 보이는 시장 안에도 불완전한, 거짓 정보들이 난무하지요. 이러한 문제에 가장 먼저 주의를 기울인 사람들은 시카고 대학의 경제학자들이었습니다. 처음에 그들은 생산자와 소비자들이 순조로운 거래를 위해 정보를 어디서 어떻게 탐색하고 획득하는지에 집중했지만, 연구가 진행될수록 놀랄 만한 몇 가지 결론에 도달했습니다.

조지 스티글러George Joseph Stigler는 정보 경제학의 창시자로, 대학 시절 정보 부족으로 과목을 잘못 선택하는 일이 빈번했습니다. 그로 인해 의도치 않게 '실용적인' 비즈니스 과목과 수많은 정치학 과목을 이수해야만 했지요. 그는 가격차별에서 영감을 받아 연구한 결과, 거래에서 '지식'이 가격의 차이를 발생시킨다는 사실을 발견했습니다. 예를 들어 사람들은 정말 마음에 드는 자동차 한 대를 구매하기 위해 하루에 약 8~10개 대리점을 다니며 비교합니다. 이처럼 정보는 결코 공짜로 얻어지지 않고 때로는 값비싼 대가를 지불해야 합니다. 1961년 그는 「정보 경제학」이라는 논문을 통해 처음으로 '정보 경제학'의 개념을 발표했고 이로써 관련 학문이 탄생했습니다.

정보의 비대칭은 경제학에서 매우 중요한 위치를 차지합니다. 2001년 노벨경제학상은 '비대칭 정보를 통한 시장 분석' 영역에서 중요한 공헌을 한 미국의 경제학자들인 마이클 스펜스A. Michael Spence와 조지 애커로프George Akerlof, 조지프 스티글리츠Joseph Stiglitz에게 돌아갔습니다.

정보의 비대칭이란 쉽게 말해 '내가 아는 정보와 다른 사람의 것이 다른' 것입니다. 즉, 당신이 알고 있는 정보가 다른 사람보다 많거나 적고 혹은 진짜거나 거짓인 거죠. 여기서 '안다'는 개념은 당신의 학식이나 경력을 말하는 게 아니라 당신이 얻은 '정보'를 가리킵니다. 만일 정보의 비대칭에서 우위를 점했다면 다른 사람보다 많이 '아는' 사람이 되며 이로써 그 속에서 수혜자가 되는 것입니다.

하지만 현실은 대부분의 사람이 열세에 속해 정보를 제때 얻지 못하며 분별하지 못해서 늘 한발 늦은 피해자가 되기 일쑤입니다.

정보 고치와 반향실 효과가 부르는
집단의 양극화

인터넷 발달로 원하는 정보를 다 찾을 수 있는데 대체 왜 정보의 비대칭이 생기는 걸까요? 인터넷의 등장으로 우리는 정보를 더 쉽게 탐색하고 얻을 수 있게 된 것은 맞습니다. 일상에서 시시각각으로 새로운 정보를 얻고 있지요. 정보의 대폭발 시대에 살아간다고 해도 과언이 아닙니다.

그러나 인터넷상에 정보가 넘쳐 난다고 해서 개개인이 얻어 내는 정보가 똑같이 많아졌다는 뜻은 아닙니다. 나아가 그것은 모든 정보가 올바르고 정확하며 모든 사람에게 균등하게 배포된다는 의미도 아니지요. 심지어 정보가 다원화되면서 '정보 고치Information Cocoons'나 '반향실 효과Echo Chamber Effect'와 같은 현상이 나타났습니다.

2006년에 처음 등장한 '정보 고치'는 시카고 대학 교수이자 미국 규제정보국 책임자를 역임한 캐스 선스타인 Cass R. Sunstein 이 제기한 개념입니다. 그는 "대중이 원하는 정보는 전방위적인 것이 아니다. 그들은 오직 자신을 즐겁게 하는 영역의 정보에만 집중한다. 그것이 오래되면 누에고치처럼 자신을 둘러싼 하나의 보호막을 형성하게 된다."라고 지적했지요. 이와 관련해 그는 저서 『리퍼블릭닷컴 2.0』에서 '개인 일간지Daily Me' 현상을 언급했습니다.

인터넷 기술의 발전과 정보의 급증으로 사람들은 홍수처럼 쏟아지는 정보 가운데 자신이 좋아하는, 자신이 관심 있는 정보만을 선택적으로 소비하기 시작했습니다. 이로써 완전히 자신의 기호에 따른 잡지와 신문, 매거진을 만들 수 있게 되었고 모든 사람은 자신의 관심사에 따른 '개인 일간지'를 맞춤 제작할 수 있는 수준에 이르렀지요. 문제는 오랜 시간 개인의 취향에만 근거한 '매거진'에 빠져 있으면 그 사람의 생활은 다양성을 잃고 프로그램화되어 간다는 점입니다. 서로 다른 사물을 접해 보고 이해할 능력이나 기회를 상실하기 때문에 자기도 모르게 하나의 '정보 고치'를 만들어 그 보호막 안으로 들어가게 됩니다.

최근에는 비즈니스 정보 서비스의 일환으로 개인의 특성과 선호도를 반영해 정보를 제공하고 추천하는 '개인 맞춤형' 서비스가 온라인 플랫폼에서 매우 활발하게 활용되고 있습니다. 대표적인 예가 빅데이터와 알고리즘을 활용한 정보 제공입니다.

사람들은 특정 애플리케이션이나 동영상 제공 서비스 등을 이용하면서 해당 플랫폼이 고객의 수요를 정말 잘 파악하고 있다며 감탄과 칭찬을 아끼지 않습니다. 그런데 사실 이러한 시스템은 모두 강력한 데이터 알고리즘과 '정보 고치' 기술을 사용한 것이지요. 이를 근거로 사용자의 행위와 습관을 분석한 뒤 그들의 니즈와 관심사에 따라 정확하게 콘텐츠를 제공하는 것입니다.

그런데 한 가지 묻고 싶은 것이 있습니다. 당신이 좋아하는 정보가 진정 당신에게 가장 알맞은 최고의 정보일까요?

홍수처럼 쏟아지는 정보 가운데 사용자들은 보통 자신이 좋아하는 정보를 취사선택합니다. 따라서 알고리즘이 주도하는 정보를 계속해서 접하다 보면 자연스레 자신이 별로 관심 없는, 동의하지 않는 정보는 필터링하게 되지요. 결국 '내가 보고 싶고, 듣고 싶은' 정보만 취하게 됩니다. 이렇듯 정보를 '편식'하면 심리적으로는 편안함을 느낄 수 있습니다. 하지만 시간이 지날수록 오로지 자신이 좋아하는 콘텐츠에만 빠지며 플랫폼이 주도하는 정보 취합 방식에 통제당합니다. 시야는 점점 좁아지고 지식은 편협해지며 다른 영역에는 갈수록 불편함과 낯섦을 느낍니다. 자신과 다른 관점이나 의견을 좀처럼 받아들이기 힘들어하고 자신이 좋아하는 것 위주로 행동하고 살아가기 때문에 단조로운 정보 속에서 특정한 사고방식을 형성하게 되지요. 이러한 특정 사고방식을 가리켜 '반향실 효과'라고 부릅니다.

'반향실 효과'란 인터넷 세계에서 당신이 듣고 접하는 모든 소식이 당신의 생각과 비슷하거나 일치하는 현상을 말합니다. '메아리 효과'라고도 하는데 이 영향으로 당신은 자신의 생각이 시대의 주류를 대표하고 있다고 착각하며 왜곡된 인식을 형성합니다.

자신과 비슷한 생각과 의견을 가진 사람하고만 교류하길 좋아하고 무리를 이루는 것도 이 '반향실 효과' 때문입니다. 프랑스의 사회심리학자 귀스타브 르 봉^{Gustave Le Bon}의 저서 『군중심리』에는 이와 관련한 군중의 '무이성無理性'적 특징이 등장합니다. "군중은 자신의 마음에 드는 의견에만 귀를 기울이다가 결국 다른 목소리는 들어도 못 들은 척 무시한다. 심지어 자신과 조금 다른 목소리나 의견은 논할 가치조차 없다는 착각을 한다. 이러한 군중은 서로 매우 긴밀하게 연결되어 연대를 이루기 때문에 쉽게 해산되거나 흩어지지 않는다. 따라서 일단 자신만의 '메아리 방'에 들어간 사람은 매우 극단적이면서 편협한 의견과 생각을 가지는 경향을 보인다."

각종 SNS 속의 언어와 콘텐츠가 빠른 시간 안에 전달되고 소비되는 지금, '반향실 효과'는 더욱 빠르게 서로에게 전염되어 영향을 주고받습니다. 한 연구에 따르면, 사용자가 SNS에 어떤 게시물을 올리면 그와 관련한 콘텐츠들이 계속 형성되는 것으로 나타났어요. 예를 들어 누군가 SNS에 긍정적인 게시물을 올리면 그와 관련한 또 다른 긍정적 피드백과 콘텐츠가 지속적으로 추천되는 반면, 부정적인 게시물을 올리면 그와 관련한 각종 부정적 콘텐츠가 마구잡이로 추천

되고 형성되는 것을 볼 수 있습니다.

미국 트럼프 전 대통령과 그의 지지자들이 아직도 대선이 조작되었다고 말하며 패배를 인정하지 못하는 이유도 이런 의미에서 보면 이해할 수 있습니다.

결국 인터넷 사회가 도래하면서 '정보의 비대칭'은 축소된 게 아니라 오히려 더 심화되고 있습니다. 이 세상의 절반 사람은 나머지 절반 사람들이 어떻게 살아가는지 죽을 때까지 알지 못할 거예요. 그래서 늘 벽을 허물려는 사람들, 중간에 다리 역할을 하려는 사람들은 언제나 조롱거리가 되고 사람들의 싸늘한 시선을 받는 건지도 모르겠습니다.

정보의 비대칭으로
돈을 벌다

궁극적으로 정보의 비대칭은 사람들이 가진 지식의 차이에서 비롯됩니다. 여기서 말하는 지식이란 학교에서 배운 교과서 안의 지식은 물론 세상의 모든 인지 대상을 지칭합니다. 당신의 커리어나 대인관계, 특정 제품이나 영역에 관한 이해도를 통틀어 당신의 '지식'이라고 부르는 것처럼 말이죠.

정보의 비대칭은 매우 보편적으로 존재하는 현상이며 완전히 없애는 것은 불가능합니다. 따라서 그것이 우리 삶에 가져올 수 있는 가치를 똑바로 인식하고 이성적으로 이해할 수 있어야 해요.

넓은 의미에서 보지면 판매 행위와 관련해 알고 있는 지식을 효과적으로 활용한다면 정보의 비대칭 속에서 이익을 얻을 수 있습니다. 가령 중개회사는 자신이 알고 있는 정보의 우위를 활용해 판매자와 구매자 사이의 거래를 성사시켜 주고 수수료를 받아 가죠.

사실 조금만 생각해 보면 정보의 비대칭을 활용해 이익을 얻는 일은 아주 많습니다. 정보를 제공함으로써 돈을 벌 수 있는 비즈니스는 에이전시, 데이터 회사, 투자은행 등 다양합니다. 만일 부동산 중개업이 가장 보편적인 정보 판매자라고 한다면, 투자 은행은 '소수의 엘리트 판매자'라고 할 수 있습니다. 하지만 본질적인 의미에서 보자면 모두 자신이 가진 정보를 활용해 돈 버는 일을 하지요.

구체적으로 어떻게 돈을 벌까요? 먼저 그들은 정보의 '전달자' 역할을 합니다. 판매자와 구매자 사이의 정보 격차를 메워 주는 과정에서 이득을 취하는 것이죠. 예를 들어 온라인 뷰티 채널의 경우 시중에 넘쳐나는 화장품 가운데 타입별로 가장 효과적이면서 가성비가 높은 제품을 소개하는 일을 하면 소비자들이 지닌 정보의 '구멍'을 메울 수 있고 이로써 사용자들의 신뢰를 얻으면서 입소문을 타고 광고를 얻어 수익을 올릴 수 있습니다.

두 번째로 그들은 정보의 '통제자' 역할을 합니다. 일정한 '문턱'을 설치하고 정보를 '재단'하는 일을 합니다. 이해를 돕기 위해 과거 온라인 기술이 지금처럼 발달하지 않았을 때의 와인업계를 예로 들어 볼게요. 당시 사람들은 해외에서 와인 한 병이 얼마에 팔리는지, 와인 업체는 얼마에 물건을 들여와야 하는지 잘 알지 못했습니다. 그래서 중국 시장에서 와인이 처음 판매될 때는 그야말로 '부르는 게 값'이었지요. 하지만 시간이 지나 인터넷이 발달하면서 와인 가격은 자연스럽게 하락했습니다.

정보의 식별과
처리 능력을 키워라

그렇다면 어떻게 정보의 비대칭 현상을 극복하고 정보 처리 능력을 키울 수 있을까요?

먼저 '인풋'의 각도에서 생각해 봅시다. 자신에게 맞는 양질의 채널을 찾아 정보를 얻되 다양한 루트를 활용해야 합니다. 금융 관련 지식을 공부하고자 한다면 재미를 추구하기 위해 다소 과장된 개인 SNS 채널만 구독하는 것은 좋지 않아요. 해당 영역에서 권위 있는 전문 매거진이나 신문을 구독하고 관련 자격시험에 응시하는 게 좋은 방법입니다. 이로써 편파적인 혹은 잘못된 정보를 피할 수 있습니다.

아울러 불필요한 '불량 정보'를 구별하고 버리는 연습도 해야 합니다. 양질의 정보를 획득하고 식별하는 능력을 키우려면 많은 양을 공부하고 실제로 접해 보아야 하며 때로는 대가를 지불해야 하거든요.

가장 기본적인 대가는 '시간'입니다. 지식을 획득하려면 시간을 내서 책을 찾아 읽고 인터넷 정보를 검색하고 사람들에게 물어보고 실천해야 합니다. 시간과 정성을 들인 만큼 당신의 지식이 쌓입니다.

두 번째 대가는 '돈'입니다. 소위 지식을 위한 투자란 돈을 들여 고밀도의 정보를 얻어 내는 것이죠. 시간을 아끼는 가장 직접적인 방법도 돈입니다.

마지막 대가는 그 영역에 '몸을 담는' 것입니다. 한 업계에서 아무 것도 모르던 '초짜'에서 모두가 알아주는 '타짜'가 되려면 시간과 돈은 물론 정신적·육체적 노력과 희생 등이 필요합니다. 한 업계에서 소위 성공한 인사가 되면 가장 정제된, 최상의 정보를 얻을 수 있으며 이로써 최대의 이익을 얻을 수 있지요.

정보 사이에 존재하는 격차를 끊임없이 메워 나가야만 조금 더 높은 차원에 도달할 수 있습니다. 이것이야말로 우리가 계속 공부하고 노력해야 하는 진정한 이유이죠.

그렇다면 노력만 하면, 공부만 열심히 하면 정보의 비대칭 문제를 해결할 수 있을까요? 안타깝지만 그렇지 않습니다.

그 이유는 정보의 비대칭은 모든 사람에게 다르게 나타나기 때문입니다. 다른 사람이 모르는 정보를 가졌는데도 성공하지 못하는 이유가 뭘까요? 양질의 정보 획득이 중요하지만 그것을 어떻게 인지하느냐가 더 중요하기 때문이에요. 다시 말해 당신이 이 세상을 얼마나 잘 인지하고 이해하느냐가 당신의 앞길을 결정한다는 것이죠.

개인의 교육 수준과 세상을 바라보는 눈, 성장 배경과 경험 등이 바로 개인의 수준을 결정합니다. 서로 다른 곳에 서 있으니 바라보는 세상이 모두 다를 수밖에 없어요. 높이 서 있는 사람은 다른 사람이 보지 못하는 곳까지 멀리 내다볼 수 있습니다. 하지만 낮게 서 있는 사람은 시야가 좁아서 겉으로 보이는 표면적인 것에만 집중하기 때문에 사고방식도 단조롭고 편협할 수밖에 없어요.

정보를 식별하고 잘 처리하는 능력을 갖춘 사람들은 일반 사람들과 무엇이 다를까요? 그들은 '포용성'을 지녔습니다. 인지 및 사고 수준이 높은 사람들은 누군가와 대화를 나눌 때 상대가 자신보다 지식 수준이 낮다는 걸 발견하면 기꺼이 '무릎'을 굽히는 포용성을 지녔어요. 그런 사람과 함께하면 즐겁습니다. 대화가 순조롭고 나까지 그 사람과 같은 수준으로 성장하는 것 같은 뿌듯함이 생기기 때문이지요.

그들은 자신과는 다른 '계층'의 사람까지 모두 수용하기 때문에 설령 상대의 시야가 다소 편협하고 지식 수준에 한계가 있더라도 그것을 모두 이해합니다. 상대의 사고가 논리적 오류를 보인다고 해도 그것을 받아들이는 모습을 보이지요.

만일 당신 주변에 특별히 당신을 이해해 주고 긍정해 주는 사람이 있다면 기억하세요. 그건 당신이 뛰어나서, 당신의 표현력이 우수해서가 아니라 그 사람의 인지 및 사고력이 당신보다 한 수 위에 있기 때문입니다.

우리는 무지합니다. 아는 데는 한계가 있어요. 우리는 더 많이 배워야 합니다. 그리고 이러한 사실을 인정해야 해요. 이것이 우리의 사고의 폭을 넓히는 가장 중요한 전제 조건입니다. 자신만의 세상에 갇혀 살아가는 사람은 다양한 즐거움과 행복을 절대 경험하지 못합니다.

저는 트래킹을 좋아하는데 걷는 행위가 제 인생의 반경을 넓혀 주었습니다. 굴곡진 산길을 넘으며 걸어온 길을 내려다보면 거기에 제가 흘린 땀방울이 오롯이 새겨져 있습니다. 아직 저 밑에서 힘겹게 올라오는 사람들에게는 조금만 더 힘을 내라고, 길이 있다고 친절하게 알려 주고 싶어요. 위를 올려다보면 정상이 곧 나타날 것 같은 느낌입니다. 조금만 힘을 내면 앞서가는 사람을 따라잡을 수 있을 듯한 생각에 속도를 내보지만 그들은 언제나 저 멀리 앞서가지요. 저보다 먼저 출발한 사람들은 늘 먼저 정상에 도착합니다.

세상에 쉬운 일은 없습니다. '식은 죽 먹기'처럼 보이는 일도 막상 해 보면 절대 쉽지 않다는 걸 느낍니다. 손에 넣은 것처럼 생각되는 일도 눈 깜짝할 사이 달아나 버릴 때가 많지요.

지치지 않고 끝까지 노력하는 사람만이 인생의 여정이 얼마나 길고, 얼마나 험난한지 알 수 있습니다. 한 걸음씩 천천히 정상을 향해 가는 사람만이 중간에 펼쳐진 수많은 비탈길과 언덕길, 모래 웅덩이를 버텨낼 수 있습니다.

자신의 무지함을 인정하는 사람만이 비로소 노력할 수 있습니다.

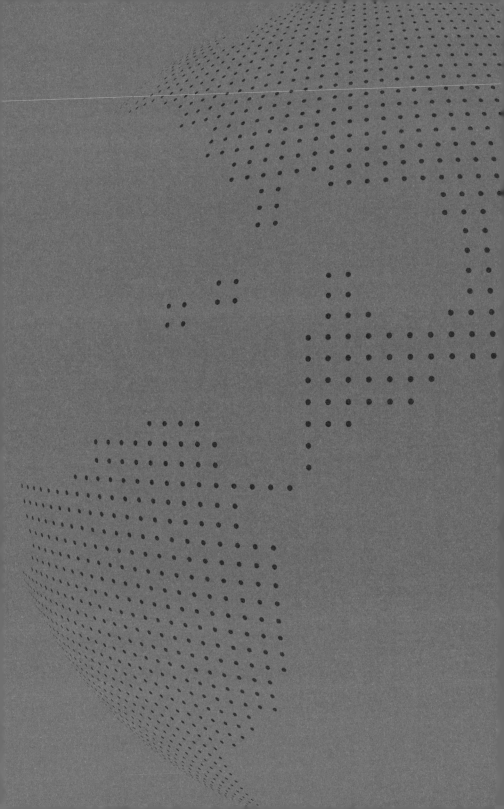

PART 2

풀리지 않는
인생 고민 해결하기

8장

기회비용을 알면 선택과 결정을
더 정확하게 할 수 있다

한적한 시골의 삶 vs.
분주한 도시의 삶

당신이 포기해야 하는 것, 기회비용

"대학을 졸업한 지 2년 됐어요. 졸업 후, 아버지의 뜻을 따라 부모님이 계신 지방 도시로 내려가 한 중소기업에 취직했습니다. 수입도 어느 정도 안정적이고 생활하는 것도 크게 불편할 게 없었어요. 하지만 마음 한편에는 언제나 대도시를 향한 갈망이 있었죠. 그런 마음을 살짝 부모님께 말씀드려 봤는데 역시나 심하게 반대하시더라고요. '자고로 몸이 편해야 마음도 편하고 인생이 행복한 법'이라고 하시면서요. 요즘에는 자꾸만 선을 보라면서 남자들을 소개해 주는 거예요. 하지만 저는 아직 마음을 못 정했어요. 일단 정말 연애를 시작하면 여기서 벗어나는 게 훨씬 더 어려워질 것 같아서요. 전 어떻게 하면 좋을까요?"

두 마리 토끼를
잡는 인생은 없다

우리는 인생을 살면서 수많은 선택의 갈림길에 섭니다. 각각의 선택은 전혀 다른 인생으로 우리를 인도하지요. 심지어 잘못 내린 한 번의 결정이 인생의 궤도를 완전히 바꿔 놓는 터닝 포인트가 되기도 해요. 위 질문의 주인공 역시 인생의 다음 스텝을 놓고 심각한 고민에 빠져 있습니다.

누군가는 대도시야말로 기회가 많고 발전 가능성이 크다고, 자고로 사람은 넓은 곳에 가서 살아야 시야도 넓어진다고 말합니다. 하지만 누군가는 대도시의 삶은 스트레스가 많고 야근이 허다하며 경쟁이 너무 치열하다고 말하지요.

소도시의 삶이 안정적이고 편안하며 가족과도 함께할 수 있어서 좋다고 말하는 사람도 있습니다. 반면 소도시는 모든 게 혈연, 지연 위주로 돌아가며 발전 가능성도 없다고 말하는 사람도 있어요.

위 사연 속 주인공이 결정을 내리지 못하고 망설이는 이유는 혹시나 잘못 내린 선택으로 다시는 돌아올 수 없는 길을 가게 될까 봐, 후회로 가득한 인생을 살게 될까 봐 그렇습니다. 하지만 냉정하게 말하면 어떤 선택을 하든 후회는 남는 법이에요. 그 후회로 수없이 많은 밤을 뜬눈으로 지새우고 눈물도 흘릴 겁니다. 대도시를 선택하면 떠나온 시골 도시에서 결혼하고 가정을 이뤄 자식을 낳아 안정적이고 편안하게 살아가는 동기들을 부러워할 거고, 소도시를 선택하면 대도시의 높은 오피스 빌딩에 출근하며 거액의 연봉을 받고 화려하게 살아가는 직장인들을 부러워하게 될 겁니다.

기왕에 토끼 두 마리를 동시에 잡을 수 없는 거라면 경제학의 관점에서 상대적으로 '더 나은' 선택을 하는 것이 좋습니다. 이것이 바로 경제학에서 말하는 '기회비용^{Opportunity Cost}'이지요.

경제행위에서는 하나를 선택하면 다른 대안을 선택할 기회를 포기해야 합니다. 결국 선택된 하나의 비용은 포기한 다른 것에 대한 기회가 되는 셈입니다. 경제학에서는 이러한 선택의 비용을 '포기한 다른 선택에 대한 가치'로 측정하고, 이를 '기회비용'이라고 합니다.

기회비용에 대한 분석을 통해 우리는 두 개 혹은 더 많은 선택의 기로 앞에서 최고의 결정을 내릴 수 있습니다. 그런데 그 전제는 실제로 얻는 수익이 기회비용보다 커야 한다는 것이며, 이로써 유한한 자원을 최적의 조건으로 배치할 수 있다는 것이죠.

두 마리 토끼를 모두 잡을 수 없을 때 만일 'A 토끼'를 선택한다면 당신이 고려해야 하는 것은 'A'의 비용이 아니라 포기한 'B 토끼'가 당신에게 주는 즐거움입니다. 이것이 바로 'A'를 선택했을 때의 기회비용입니다. 똑같은 이치로 당신이 'B 토끼'를 선택하고자 한다면 고려해야 하는 대상은 'B'의 비용이 아닌 포기한 'A 토끼'가 당신에게 주는 즐거움입니다. 이 역시 'B'를 선택했을 때의 기회비용에 해당합니다.

만일 'A'가 주는 즐거움이 'B'가 주는 즐거움보다 훨씬 크다면 당신의 선택은 당연히 'A'가 되어야 합니다. 반대의 경우라도 원리는 같습니다.

기회비용을 이해하려면 다음의 세 가지 개념을 알아야 합니다

선택이 있는 곳에는
언제나 기회비용이 있다

기회비용이란, 본질적으로 포기한 기회를 위해 지불하는 비용입니다. 하나를 선택함으로써 포기하는 다른 하나가 가져올 이익을 상실하게 되는 셈이죠.

만일 자원을 사용하는 방식이 하나로 통일되어 있다면 각종 기회가 가져올 이익은 비교할 필요가 없습니다. 바꿔 말하면 기회비용은 자원의 사용 방식이 매우 다양할 때 다루어지는 주제이며 이것이 기회비용의 가장 기본 전제 조건이기도 하지요. 다른 의미에서 무언가를 선택해야 하는 상황에서는 반드시 기회비용이 존재한다는 뜻이기도 합니다.

한 농민이 있었다. 고향에서 농사를 지으면 매달 40만 원을 벌 수 있었고, 도시 건설 현장에서 일하면 매달 200만 원을 벌 수 있었다.

올해 초, 그는 갑자기 고향으로 내려가 농사를 지으며 살기로 결정했다. 이 선택의 기회비용은 얼마인가?

이 농민은 고향으로 내려가 농사를 짓기 위해 매달 200만 원 정도의 수입을 포기했습니다. 이것이 그가 고향으로 내려가기 위해 지불해야 하는 기회비용입니다.

그런데 그가 고향으로 내려가기로 한 이유가 나이가 들면서 더는 도시에서 적당한 일거리를 찾기 힘들어서 지난 1년 동안 아무런 수입이 없어서라면 어떨까요? 월 200만 원의 수입은 이미 그의 선택지에서 사라졌습니다. 그에게 남은 유일한 기회는 고향에 내려가 농사를 짓는 것입니다. 선택의 기회가 사라졌으니 기회비용도 존재하지 않는 것이죠.

이를 통해 우리는 여러 선택 중 하나를 골라야 하는 순간에만 기회비용이 발생한다는 사실을 알 수 있습니다. 자원이 모든 기회를 포괄하는 경우에는 선택이 필요 없겠지요. 그러면 기회비용도 자연스럽게 사라집니다.

만일 위의 농민이 프로그램 코딩 기술을 지닌 '전문직' 종사자여서 나이와 지역에 상관없이 어디에서든 매달 200만 원을 벌 수 있다면 고향에 내려가 농사도 지으면서 일을 해도 되겠지요.

하지만 우리의 현실은 조금 다릅니다. 자원은 늘 한정적이고 늘 제한된 능력의 범위 안에서 최적의, 최고의 기회를 선택해야 하니까요. 따라서 그 기회를 위해서는 반드시 다른 선택을 포기해야 하는데 그 것이 바로 기회비용입니다.

많은 경우, 아무런 대가를 지불하지 않고도 뭔가를 선택할 수 있다 고 생각하지만, 사실 거기에도 기회비용은 숨어 있습니다. 경제학의 대가 밀턴 프리드먼Milton Friedman이 "세상에 공짜 점심은 없다."라고 말한 이유도 그 때문이죠.

새롭게 오픈한 레스토랑에서 손님들에게 무료 시식권을 나눠 주었 습니다. 당신은 그날, 그 쿠폰으로 점심을 해당 레스토랑에서 공짜로 먹고 기분이 좋았습니다. 하지만 사실 당신이 그 레스토랑에 가기 위 해 할애한 시간 역시 기회비용에 해당합니다. 그 시간에 당신은 다른 업무를 처리하거나 도서관에 가서 공부를 할 수도 있었고 미래의 애 인을 우연히 만날 수도 있었지요. 이러한 가능성이 당신이 그 레스토 랑에서 공짜로 밥을 먹는 대신 지불한 기회비용입니다.

좋은 선택은 기회비용을
이해하는 데서 시작한다

기회비용은 사실 매우 간단하고 단 순한 개념입니다. 하지만 우리 삶에는 언제나 복잡한 상황이 발생하죠. 그리고 우리는 그 속에서 선택을 해야 합니다. 쉬운 예를 들어 볼 게요.

> 대학 졸업을 앞둔 당신에게 세 가지 선택사항이 있다. 공무원 시험을 본 뒤 고향에 내려가 취직하는 것, 대학 동기와 함께 창업하는 것, 대기업에 입사하는 것. 이 세 가지 선택의 기회비용은 각각 무엇일까?

만일 당신이 최종적으로 대기업에 취직하는 것을 선택했다면 경제학의 관점에서 생각해 볼 때 이 선택에 필요한 비용은 해당 기업에 입사하기 위해 기울여야 하는 노력이 아닙니다. 바로 당신이 포기한 나머지 두 가지 옵션, 즉 '안정적인 공무원'과 '성공한 사업가'가 되는 것이지요.

어떤 한 가지를 선택하는데 A와 B라는 두 개의 옵션이 있다고 합시다. 그렇다면 당신이 A를 선택할 때의 기회비용은 당신이 포기한 B로 얻을 수 있는 수익입니다. 마찬가지로 B를 선택할 때의 기회비용은 포기한 A로 얻을 수 있는 수익이겠죠. 따라서 '좋은 선택'이란 그것을 선택함으로써 생기는 기회비용이 가장 적은 혹은 낮은 것을 의미합니다.

"그렇다면 결국 기회비용이니 뭐니 어려운 개념을 들먹일 필요 없이 A와 B를 비교해 보고 이익이 더 높은 걸 선택하면 되는 것 아닌가요?"

그렇습니다. 이렇게 생각하는 사람들이 있을 것 같아 말해 두자면 일단 맞는 말입니다. 만일 두 옵션이 '선택 대기 중'인 상태라면 그렇게 하면 됩니다. 가령 동시에 합격 통지를 받은 기업이 두 개라든가 이번 주 주말에 만나야 할 소개팅 대상이 2명일 때, 투자하고 싶은 주식 종목이 2개라든가 사고 싶은 옷이 두 벌일 때…. 이럴 때는 두 가지를 직접 비교해 보면 되지요.

그렇지만 만일 당신이 이미 A를 가진 상태에서 B라는 선택지를 놓고 고민하는 중이라면 어떨까요? 예를 들면 직장을 옮겨야 할지 말아야 할지, 지금의 연인과 계속 만나야 할지 말아야 할지, 주식 종목을 갈아타야 할지 말아야 할지 등을 고민하는 상태라면 말입니다. 이런 경우 사람들은 대부분 이미 가진 기회비용을 망각하는 경향이 있습니다.

예를 들어 볼게요. 당신은 현재 연봉 4천만 원인 직장에 다니고 있습니다. 취직 후 지금까지 1억 원 정도를 모았고, 매년 주식으로 2천만 원 정도의 수익을 올리고 있어요. 그런데 얼마 전, 친구가 사업계획서를 보여 주며 함께 창업을 해 보지 않겠냐는 제안을 해왔습니다. 요식업 관련 사업으로 성공할 경우 연간 1억 원 이상의 매출을 올릴 수 있고 매년 6천만 원 정도의 주식을 따로 배당받을 수 있다고 합니다. 주식 예상 수익률은 30% 정도입니다.

이 경우 당신의 기회비용과 수익은 각각 얼마일까요?

주식 수익률 30%는 실로 꽤 매력적인 제안입니다. 사장으로 일하면서 지금 연봉보다도 높은 주식을 배당받을 수 있다면, 마음이 흔들리지 않을까요?

그렇지만 기억해야 할 게 있습니다. 레스토랑을 오픈하려면 지금 당신이 받는 임금과 매장 오픈을 위해 투자해야 하는 자금을 잊어서는 안 됩니다. 직장을 그만두고 창업을 한다면 당신의 연봉 4천만 원은 사라집니다. 지금까지 모아 둔 1억 원은 투자금으로 사용해야 해요. 매년 2천만 원씩 수익을 올리던 주식도 처분해야 합니다. 결국 당신의 기회비용은 연봉 4천만 원과 주식 수익 2천만 원을 합친 6천만 원이 되는 것이죠.

이렇게 생각하면 이 선택은 그렇게 매력적으로 다가오지 않습니다.

결국 '선택'의 진정한 의미는 '선택'하는 대상뿐 아니라 그로 인해 '포기'하게 되는 대상까지 포함합니다. 그러므로 당신이 포기하는 것은 사라져 없어지는 것이라기보다 기회비용입니다. 그것을 향후 이익과 손실을 계산하는 척도로 사용하는 거예요.

이것이 바로 기회비용의 두 번째 특징입니다. 포기해야 하는 기존 수익이 곧 기회비용이라는 걸 기억합시다. 미국 드라마 〈왕좌의 게임〉에 등장하는 산사 스타크가 했던 말을 떠올리면 기억하기 쉬울 거예요.

"그때 나는 내가 하고 싶은 것만 생각했지, 내가 이미 가진 건 미처 보지 못했어."

같은 선택이라도
사람마다 기회비용이 다르다

같은 선택을 하더라도 사람마다 기회비용이 달라지고, 대부분 기회비용이 높은 사람이 되고 싶어 합니다. 하지만 기회비용이 높으면 그만큼 자신이 내린 선택이 인생에 큰 영향을 주기 마련입니다. 그리고 그 영향이 늘 좋은 것만은 아닙니다. 기회비용이 높을수록 긍정적인 수익을 올리는 선택지를 찾는 게 훨씬 어렵기 때문입니다.

통계에 따르면 명문대를 졸업하고 유명 대기업에 취업한 사람일수록 고등학교 졸업 후 중소기업에 취직한 사람에 비해 이직 가능성이 훨씬 낮은 것으로 나타났습니다. 그 말은 곧 기존에 본인이 다니는 직장보다 더 좋은 기회를 찾는 게 쉽지 않다는 뜻이지요. 그러나 반대로 생각해 보면 기회비용이 높아질수록 더 가치가 높은 일을 하게 되는 것이기도 합니다.

같은 선택일지라도 사람마다 기회비용이 다른 경우는 우리 주변에서 쉽게 찾아볼 수 있습니다. 그런데 기회비용을 쉽게 측량하기 어려운 선택들도 우리 삶에는 수없이 존재하지요. 이번 장을 시작하며 함께 살펴보았던 고민 같은 것입니다.

지금의 사랑과 연애를 포기하면 기회비용은 얼마일까요? 안정적인 직장의 기회비용은 얼마일까요? 대도시로 떠난다면 기회비용은 얼마일까요?

이러한 선택들은 숫자로 계산이 어렵고 사람마다 모두 그 결과가 다릅니다. 결국 스스로 이렇게 물어보는 수밖에 없어요.

'시끌벅적한 도시의 삶을 선택하면 편안하고 한적한 시골의 삶을 동경하게 될까? 안정적이고 편안한 시골의 삶을 선택하면 북적거리는 도시의 삶을 자꾸만 그리워하게 될까?'

'사랑과 꿈, 둘 중에 뭐가 더 중요할까? 꿈을 위해 나는 대도시에서의 힘겨운 일상을 견뎌낼 수 있을까? 안정적인 삶을 위해 매일같이 반복되는 지루한 일상을 받아들일 수 있을까?'

모든 사람은 자라온 배경, 마음 상태, 세계관이 달라서 세상을 인지하는 방법과 느끼는 감정에도 차이를 보입니다. 시골에 있는 사람들은 편안한 오늘을 살아가고, 도시에 있는 사람들은 꿈이 있는 내일을 살아가지요. 꿈을 좇는 사람들은 대도시로 올라와 커리어를 쌓을 수 있습니다. 삶을 즐기고자 하는 사람들은 소도시로 터전을 옮기거나 고향으로 내려가 가족과 함께하는 무탈한 일상을 추구하기도 하죠.

대도시로 떠나든, 시골에 남든 틀린 결정은 없습니다. 다만 득과 실을 따져 보고 각각의 기회비용을 계산해 본 뒤, 스스로 선택하고 결과를 책임지면 되는 거예요. 그 누구도 당신 대신 결정해 줄 수는 없습니다. 사실 답은 이미 당신 마음속에 있거든요. 히가시노 게이고의 소설『나미야 잡화점의 기적』에 등장하는 구절입니다.

"내가 몇 년째 상담 글을 읽으면서 깨달은 게 있어. 대부분의 경우, 상담자는 이미 답을 알아. 다만 상담을 통해 그 답이 옳다는 것을 확인하고 싶은 거야."

저도 예전에는 도시에서 고군분투하는 삶을 살았습니다. 10여 년 동안 공직에 몸담았다가 결국에는 그만둬야겠다고 다짐했어요. 그 뒤 저는 그 부서에서 역사상 처음으로 '사직서'를 제출한 사람이 되었습니다.

혹시 그 결정을 후회하진 않느냐고 물어본다면 그 후로 몇 년간 결코 녹록지 않은 삶을 산 건 부정할 수 없습니다. 하지만 제가 진정으로 원하는 게 무엇인지 알기에 그때의 결정을 끝까지 책임질 것입니다.

불교에 '보살외인菩薩畏因, 중생외과衆生畏果'라는 가르침이 있습니다. '보살은 원인을 두려워하고 중생은 결과를 두려워한다'는 뜻으로 보살은 살면서 항상 선한 씨앗을 심으려 하지만 중생은 늘 결과에만 급급하다는 의미입니다. 기회비용을 이해하면 인생에 펼쳐진 수많은 선택의 진정한 의미를 이해하게 될 겁니다.

9장

현실을 직시하지 못하는 현상에 관한 이야기
보이지 않는 것을 고려하라

'엄친아'는 어째서 하나같이 잘나갈까?

생존 편향의 희생양이 되지 않는 법

소위 명문대를 졸업하면서 드디어 부모님의 통제에서 벗어나 독립을 했지만 별로 기쁘지 않아요. '부모님의 통제에서 벗어났다'라고 말하는 이유는 어릴 때부터 부모님이 굉장히 엄격하셨기 때문입니다. 가장 자주 들었던 말은 "다른 집 애들은!"이라는 말이었어요.

"옆집 OO는 혼자서도 그렇게 공부를 잘한다던데!"

"이번에 아빠 회사 동료 딸은 하버드 대학에 들어갔다더라!"

그래서인지 어릴 때부터 저의 가장 강력한 라이벌은 '엄마 친구 아들'이었습니다. 사실 한 번도 걔들을 직접 본 적은 없었는데 저는 늘 부모님께 그 아이들과 비교당하며 살았어요.

이제는 성인이 되었고 부모님의 통제에서 벗어났지만 저는 아직도 '엄친아'의 그림자에서 벗어나지 못한 삶을 살고 있습니다. 누군가를 만날 때도, 일을 할 때도 늘 다른 사람보다 못한 느낌이 들어요. 사람들은 잘했다고 칭찬도 해 주고 인정도 해 주는데 다 가식적으로 느껴져요.

이제 저는 어른이 되었고, 부모님의 그런 교육방식이 잘못되었다는 걸 알지만 두 분은 여전히 다른 집 애들은 연봉이 얼마라는 둥, 곧 진급한다는 둥, 잘나가는 남자를 만난다는 둥 한도 끝도 없이 비교를 합니다.

어떻게 하면 이 비교를 끝낼 수 있을까요? 어떻게 하면 부모님께 '다른 집 아이'와 저의 차이를 설명할 수 있을까요?

생존 편향의 다른 말은
성공 편향

실제로 자녀를 키우면서 다른 집 아이들과 내 자식을 비교하는 부모가 많습니다. 자식에게 동기를 부여하고 더 노력하게 하려는 이유라고는 하지만 설령 그 '다른 집 애'가 진짜로 존재한다고 해도 그런 교육방식은 분명히 잘못된 방법입니다. 다음의 짧은 이야기들을 읽어 보며 함께 생각해 봅시다.

상황 1
단체 여행 관광버스에서 가이드가 인원수를 세며 말했다.

172

"자, 아직 안 오신 분 손 들어 주세요."

아무도 손을 들지 않자 가이드가 말했다.

"그럼 다 모이셨네요. 출발하겠습니다!"

상황 2

설 연휴 기간 모 방송국의 기자가 고속철도 안에서 승객들을 대상으로 인터뷰를 했다.

"안녕하세요. 기차표를 구하셨나요?"

"네. 그럼요. 기자님은 구하셨어요?"

"네. 저도 구했습니다."

기자는 카메라를 응시하며 말했다.

"보아하니 이번 연휴에는 승객들이 고향 가는 기차표를 구하지 못해 발을 동동 구르는 문제는 없는 것 같습니다!"

상황 3

"언니, 엄마는 왜 편식을 안 하는 걸까?"

"엄마는 장을 볼 때 이미 본인이 싫어하는 재료는 안 사기 때문이야."

아마 다들 우스갯소리로 여기고 가볍게 넘길 겁니다. 그 이유는 논리에 맞지 않는 얘기들이기 때문이에요. 그렇다고 어디가 어떻게 논리에 맞지 않느냐고 묻는다면 딱히 짚어 내기엔 애매한 부분이 있습니다.

어릴 때부터 부모에게 "옆집 누구누구네 딸은 어디 대학을 졸업하고 지금 연봉이 얼마라더라.", "그 아저씨네 아들은 대학 졸업하고 공무원 시험에 붙어서 은행 다니는 아가씨랑 결혼했다더라.", "그 집 애들은 결혼도 잘하고 얼마 전에 임신도 했다더라." 등의 말을 듣고 자란 사람이라면 한 번쯤은 이런 생각을 해 봤을 거예요. '어째서 다른 집 애들은 나보다 다 뛰어난 거지?' 뭔가 좀 앞뒤가 안 맞는다는 느낌이 들었겠지만 그렇다고 딱히 반박하지는 못했을 겁니다.

그 이유를 지금부터 설명해 볼게요. 이것이 바로 경제학에서 말하는 '생존 편향Survivorship Bias'입니다. 생존 편향이란 생존자, 성공한 자 사례에만 집중하면서 잘못된 판단을 내리게 되는 편향을 말합니다. 이 개념은 '성공 편향', '침묵의 데이터', '죽은 자는 말이 없다'와 같은 다른 별명으로도 많이 불리고 있습니다.

보이지 않는 정보가 중요하다

'생존 편향'과 관련한 유명한 일화가 있습니다.

2차 세계대전 당시, 미국 해군은 전황을 유리하게 만들기 위해 전투기의 개선 방안을 연구하는 프로젝트를 실시했다. 그들은 전투에서 귀환한 전투기를 대상으로 어느 부위에 총알이 주로 피격되었는지를 조사해 이를 통계 분석해 전투기를 보완하려는 계획을 세웠다. 통계 결과, 대부분의 피격은 꼬리 날개, 중앙 몸통, 앞날개 양쪽에 집중되었다. 미 해군은 이에 대한 대응으로 총탄이 주로 피격된 부분에 철판을 보강하고자 했다.

그런데 헝가리 출신의 통계학자 아브라함 발트 Abraham Wald 가 이 방식에 반박하며 나섰다. 그는 통계상으로는 총탄을 거의 맞지 않은 엔진과 조종석, 프로펠러 부분을 중점적으로 강화해야 한다고 주장했다. 이 부위에 피격당한 전투기가 없었던 이유는 해당 부위를 공격받으면 곧바로 전투기가 추락하므로 통계 모수에서 제외되어 조사되지 않았기 때문이라고 설명했다. 미 군대가 연구를 진행하면서 무사히 귀환한 전투기만을 대상으로 조사하는 오류를 범한 것이었다.

이후 미군은 그의 의견을 수렴해 전투기 본체와 꼬리 부분, 조종석과 프로펠러 부위를 강화했으며, 훗날 실제 전투에서 그의 판단이 옳았음이 증명되었다.

이 사례는 나중에 경제학에 인용되면서 '생존 편향'이라는 이름을 얻었습니다. 이 이론에 따르면 어떤 문제를 분석할 때 사람들은 대부분 눈에 잘 보이는 정보는 사용하는 반면에 잘 보이지 않는, 숨겨진 정보는 이용하지 않거나 철저히 무시하기 때문에 '침묵의 정보'가 됩니다. 따라서 도출된 결과가 실제 상황과 다를 수가 있지요.

위 사례를 통해 문제를 분석할 때 그저 겉으로 보이는 정보에만 집중하면 안 된다는 것을 알 수 있습니다. 눈에 보이지 않는, '숨겨진' 정보를 잘 활용해야만 실제 상황과 차이가 없는 결론을 도출할 수 있습니다.

이와 유사한 사례는 일상에서도 확인할 수 있습니다. 세계적으로 잘 알려진 유명한 사업가들 중에는 중도에 학업을 그만둔 사람들이 많습니다. 빌 게이츠는 대학을 그만두고 마이크로소프트사를 창업했고, 스티브 잡스 역시 학업을 중도에 포기하고 애플을 세웠습니다. 마크 저커버그 역시 중도에 학업을 포기하고 페이스북을 만들었지요. 이들을 보며 중간에 학업을 포기해도 충분히 성공할 수 있다는 '학업 무용론'에 사로잡힌 사람들은 자신도 그들처럼 공부하지 않아도 아름다운 미래를 살 수 있을 거라고 생각합니다.

그러나 '생존 편향'을 잘 이해한 사람은 중도에 학업을 포기하고 창업에 성공한 기업가는 극히 소수에 불과하다는 사실을 잘 압니다. 그보다 지식을 쌓는 데 열중하고 끊임없이 공부한 기업가들이 훨씬 더 많다는 걸 인지하고 있지요. 학업을 그만둔 그 몇 명도 사실은 하버드 대학에서 공부하고 있었습니다. 그런 명문대에 진학하는 것 자체가 이미 또 하나의 '생존 편향'에 해당합니다.

결국 생존 편향은 한마디로 눈앞에 펼쳐진 진상을 열심히 관찰하면 할수록 진상에서 점점 멀어지는 현상이라고 할 수 있습니다.

무슨 뜻일까요? 통계학으로 생각해 보면 어렵지 않습니다. 넓은 의미에서 '생존 편향'은 통계학의 '선택적 편견'에 해당합니다. 즉, 통계를 낼 때 샘플의 무작위성과 전면성을 무시하고 부분적인 샘플이 전체의 현상을 대변한다고 착각하는 것이지요.

위에 나왔던 우스갯소리 중에 기자 이야기를 예로 들어 볼게요. 먼저 기차표를 사고 싶은 사람들을 A라고 표현해 봅시다. 이 A에는 두 종류의 사람이 있습니다. 먼저 표를 구한 A1과 사고 싶었는데 표를 구하지 못한 A2입니다. 그런데 기차 안에는 A1, 즉 이미 표를 구한 사람들만 탑승하고 있습니다. 기자가 통계를 낼 때 선택한 샘플은 A1 중에서도 일부 눈에 보이는 사람들이었지요. 무작위로 설정한 샘플이 아니었기 때문에 통계 결과가 실제와 차이를 보인 것입니다.

'죽은 자는 말이 없다'

비즈니스 사회에서 사람들은 특히 성공한 사람들의 사례에 열중한 나머지 실패 사례는 쉽게 간과합니다. 스탠퍼드 경영대학에는 '뷰 프럼 더 톱View From The Top'이라는 유명한 강연 행사가 있습니다. 정기적으로 글로벌 기업가나 투자자들을 초청해 그들의 성공담과 경험을 듣는 시간으로, 스티브 잡스나 빌 게이츠도 연사로 초대되었었지요. 하지만 몇 년 동안 행사를 진행한 결과 주최 측은 그들의 성공 경험담이 창업자들에게 별 도움이 되지 않는다는 사실을 발견했습니다. 이유는 다음과 같았습니다.

첫째, 초청 연사들은 세계적으로 성공한 사람들이 대부분이었습니다. 그들의 경험담을 들은 청중은 자신의 투자나 창업도 그들처럼 성공할 확률이 높다는 착각에 빠지기 쉬웠습니다.

둘째, 제한적인 조건 혹은 심리적 영향 등으로 성공 인사들 역시 연설 중에는 이성적이고 객관적이기보다는 다소 자신의 능력을 과대 포장하는 경향이 있었습니다. 그때 당시의 운이나 환경, 짊어져야 했던 리스크 등은 잘 얘기하지 않았던 것입니다.

따라서 그들의 성공 사례를 모든 사람에게 보편적으로 적용하는 데는 무리가 있다는 사실을 발견했습니다.

'생존 편향'을 '죽은 자는 말이 없다'라고 말하는 이유도 비슷한 맥락입니다. 이 비유는 의료업계에서 유래한 것으로 살아 있는 사람만이 치료 효과에 관해 장황하게 이야기할 수 있을 뿐, 죽은 자는 그것에 관해 말할 기회조차 없는 상황을 일컫습니다.

우리가 평소 가장 흔히 듣는 '생존 편향'은 "내가 아는 사람이 이 약이 좋다더라."라든가 "내 친구가 이 의사를 만나고 병이 나았다더라."

라는 등의 이야기들입니다.

　아무리 당신과 그 지인의 사이가 좋다고 할지라도 그들의 경험은 참고만 해야 해요. 객관적인 조건과 상황을 놓고 보자면 그들에게 효과가 좋은 약이었다고 해서 당신에게도 같은 효과가 있으리라는 보장은 없습니다. 지인과의 사이와 약효가 비례하는 건 아니니까요.

　사람들은 성공한 사람들의 머리에 '영광의 화관'을 씌우길 좋아합니다. 그들의 행동과 생각이 그들을 성공으로 이끌었다고 생각하는 것이지요. 하지만 사실 그들 역시 실수를 저질렀으며 수많은 오류를 범했지만, 거기서 끝까지 '살아 돌아온' 것뿐입니다. 살아 돌아오지 못한 사람도 그들과 똑같이 했을 수 있어요. 다만 말할 기회가 없었거나 말했어도 들어주는 사람이 없었을 뿐입니다.

데이터가 꼭
진상을 말하는 것은 아니다

　　　　　　　　금융투자업계에서도 '생존 편향' 현상은 매우 보편적입니다. 투자자들은 펀드 투자 수익률과 같은 통계 수치를 자주 들여다봅니다. 그런데 그 데이터들을 냉정하게 이성적으로 걸러내고 판단하지 않으면 '생존 편향'의 오류에 쉽게 빠질 수 있습니다.

펀드 관련 업계의 경쟁은 매우 치열합니다. 강한 자는 살아남고 약한 자는 도태되는 '약육강식'이 철저하게 적용되지요. 시간이 지날수록 실적이 나오지 않거나 모금이 되지 않는 펀드 종목은 알아서 사라져주는 게 그 세계 룰입니다. 이러한 과정이 쉴 새 없이 반복되다 보니 결국 데이터베이스 안에서는 살아남은 '생존 펀드'만 통계를 냅니다. 그걸 본 사람들은 전체 펀드업계의 평균 수익률을 과대평가하지요.

존 보글John Bogle이 설립한 뮤추얼펀드 기업 뱅가드그룹의 통계에 따르면 미국 내 5천여 개 공모 펀드 가운데 1997~2011년까지 약 46%의 펀드가 사라지거나 인수합병된 것으로 드러났습니다. 다시 말해 15년 동안 절반 정도의 공모 펀드가 자취를 감췄다는 말입니다.

또 다른 예로 글로벌 평가사 리퍼Lipper의 데이터베이스를 살펴볼게요. 1986~1996년까지 수집한 펀드 샘플 가운데 약 4분의 1의 펀드가 사라졌거나 인수합병되었습니다. 10년 동안 '살아남은' 펀드는 4분의 3 정도였습니다.

사라진 4분의 1 펀드는 마지막 남은 펀드의 수익률 통계에 엄청난 영향을 줍니다. 만일 사라진 펀드까지 모두 포함해 계산한다면 1986년 펀드의 평균 수익률은 13.4%입니다. 하지만 사라진 4분의 1, '실패자'를 제하면 1986년 펀드 수익률은 14.7%까지 올라가지요.

이렇듯 '생존 편향'의 영향으로 펀드 수익률은 1986년에만 1.3%가 올라갑니다. 투자자들은 이 통계를 보면서 펀드는 수익률이 매우 높은 투자 종목이라는 잘못된 생각을 합니다.

사모펀드의 경우 투자자가 조금만 잘못해도 '생존 편향'의 함정에 쉽게 빠져 버립니다. 가령 종종 무대에 올라 '프레젠테이션'을 하는 사람들은 자신이 얼마나 정확한 안목을 지녔는지 장황하게 늘어놓지요. 본인은 진작부터 애플, 구글, 아마존과 같은 기업들을 알아보고 투자한 결과 수백, 수천 배 심지어 수만 배에 달하는 이익을 올렸다고 말합니다.

이런 '포교' 방식이 전형적인 '생존 편향' 마케팅이라는 걸 이제 알겠죠? 벤처캐피털 투자자에게 진짜 어려운 건 '행차 뒤에 나팔 부는' 게 아니라 사전에 수천, 수만 개의 종목 가운데 '황금알 낳는 거위'를 찾아내는 것입니다.

아마도 무대에 올라 강연을 하는 투자계의 '거목'도 그런 종목에 투자하기 위해 이전에 수백 개의 종목을 건드렸다가 손해를 봤을 거예요. 다만 그가 무대 위에서는 그 이야기를 꺼내지 않아서 사람들이 모를 뿐입니다. 사모펀드는 정부의 관리 감독 부서에서 정보 노출에 관한 기준을 엄격하게 세우지 않기 때문에 그에 대한 정확한 정보를 아는 사람이 많지 않습니다.

이렇듯 '생존 편향'과 같은 통계적 오류는 우리의 일상이나 투자 활동에서 보편적입니다. 똑똑한 투자자는 이 '생존 편향'이 발생하는 원인을 잘 파악하고 그것이 통계 결과에 미치는 영향을 잘 이해해야 합니다. 우리는 과학적이고 이성적으로 '생존 편향'의 문제를 바라봐야 해요. 그저 겉으로 보이는 현상에만 미혹되지 않아야 합니다. 그렇지 않으면 당신도 그러한 마케팅의 희생양이 될 수 있어요.

환불 마케팅의 진실

한 고서에 나오는 일화입니다. 한 도사가 자신이 도술을 부리면 누구든지 아들을 낳을 수 있다고 말했습니다. 만일 태어난 자식이 아들이 아닐 경우에는 무조건 환불해 주겠다고 했지요. 사람들은 처음에 그 말을 믿지 않았습니다. 하지만 시간이 지날수록 그의 '비즈니스'는 호황을 이루었습니다.

그의 '사기극'은 어떻게 승승장구할 수 있었을까요? 사람들은 어째서 그의 말을 신뢰했을까요? 사실 그는 '생존 편향'을 활용한 것이었습니다. 사실 아들을 낳을 확률과 딸을 낳을 확률은 비슷합니다. 다만 그는 딸을 낳으면 그대로 환불해 주었지요. 그러면 산모도 딱히 그에게 따져 물을 것이 없었습니다. 그렇지만 정말 그의 말대로 아들을 낳은 산모들은 그 소식을 동네방네 떠벌렸습니다. 그렇게 해서 사람들은 '긍정적'으로 걸러진 소식만을 접하게 되었고, 그가 정말 '영험한 도사'라는 착각을 한 것입니다.

실제로 우리 일상에서도 이런 일은 쉽게 찾아볼 수 있습니다. 주식에 관심이 있는 사람이라면 "주식 '일타 강사' 누구누구가 이번에 무슨 종목이 오른다는 걸 정확히 맞혔다더라.", "무슨 종목은 절대 투자

하지 말라고 하더라." 하는 등의 소식을 한 번쯤은 들어봤을 거예요.

소식에 따르면 소위 '일타 강사'들은 그날의 두 가지 예측 결과(오름, 내림)가 담긴 문자 메시지를 100명에게 보낸다고 합니다. 주식 시장이 막을 내리면 그날 문자를 받은 사람 중에 50명은 예측대로 들어맞은 소식을 받게 되는 것이지요. 다음 날 또다시 두 가지 결과를 50명에게 보내고 그 결과 25명은 예측대로 들어맞은 메시지를 받게 됩니다. 그다음 날 세 번째 문자를 한 차례 더 보내고 나면 마지막에 남은 사람들은 그를 '주식의 신'이라 여기고 기꺼이 그가 추천하는 종목에 투자하게 된다고 합니다. 하지만 예상한 것처럼 구멍 난 독에 물 부은 것처럼 돈은 흔적도 없이 사라져 버립니다.

공무원 학원, 취업 학원 등에서도 시험에 떨어지면 즉시 환불해 준다는 마케팅을 내겁니다. 그렇지만 이들은 환불과 배상이라는 '보증 서비스'를 이유로 다른 학원에 비해 몇 배는 더 높은 비용을 요구하지요. 그들이라고 배상해 주는 게 왜 두렵지 않겠습니까. 그러나 이 모든 게 '생존 편향'과 관련한 상술이라는 걸 이해한다면 조금 더 이성적으로 판단하는 데 도움이 될 겁니다.

생존 편향의
긍정적 활용법

여기까지 읽은 사람들은 '생존 편

향'과 관련한 결과는 대부분 부정적이라고 생각할 수 있습니다. 하지만 비즈니스 영역에서 이 효과를 제대로만 활용하면 긍정적인 성공 케이스를 만들 수 있습니다.

가령 이것을 투자에 정반대로 적용하면 부정적인 효과는 줄이고 긍정적인 수익을 올릴 수 있습니다. 대표적인 예가 'ETF^{Exchange Traded Fund} 펀드'입니다. ETF 펀드란, 말 그대로 인덱스 펀드를 거래소에 상장시켜 투자자들이 주식처럼 편리하게 거래할 수 있도록 만든 상품입니다.

역사상 가장 오래된 주가지수는 1896년 다우존스사의 창시자인 찰스 헨리 다우가 창안해 낸 다우존스 지수로, 현재 미국의 다우존스사가 뉴욕증권시장에 상장된 우량기업 주식 30개 종목(일명 blue-chip stocks)을 기준으로 산출하고 있습니다. 미국 증권시장의 동향과 시세를 알려 주는 대표적인 주가지수로 꼽히며, 흔히 다우지수라고도 합니다.

다우존스 지수는 세계적으로 가장 큰 영향력을 지니며 광범위하게 사용되고 있습니다. 현재 〈월스트리트 저널〉에서 보도하고 있으며, 여기에 포함된 기업들은 규모가 크고 세계적 명성을 지녔으며 업계의 대표성을 띠어서 대다수 투자자의 신뢰를 얻고 있지요.

이러한 특징을 유지하기 위해 다우존스사는 평균 주가지수를 산출하기 위해 선별하는 기업 명단을 주기적으로 조정하고 있습니다. 좀 더 활력 있고 대표성을 띤 기업을 선정해 기존의 '힘을 잃은' 기업을 대신하는 식입니다. 1928년 이래로 다우존스 산업 주식 가격 평균 지수의 30개 종목만을 산출하고 있으며 현재까지 30차례 조정되었습니다. 2년에 한 번꼴로 새로운 기업이 기존 기업을 대체하고 있는 셈이지요.

바로 이 지수의 가격 산출법에 '생존 편향'이 두드러지게 드러납니다. 매번 지수를 조정할 때마다 조금 더 우수한 기업으로 대체되기 때문이지요. 따라서 해당 지수는 끊임없이 지속적으로 성장 중입니다.

쉽게 말해 100년 전 투자자가 참고했던 다우지수에 포함된 기업 가운데 절반 이상은 이제 존재하지 않는다는 의미입니다. 일부 기업의 실적은 일찍이 도태되어 비극적인 결말을 맞이하기도 했습니다.

그렇지만 다우지수 추종 ETF 펀드를 매수했다면 수차례 진행된 기업 조정에 대한 염려에서 벗어날 수 있고 오히려 지수 상승으로 수익 효과를 누릴 수 있습니다. 가령 S&P500 지수 추종의 ETF 펀드의 경우 과거 10년 동안 종합 수익률이 9.9%에 달했습니다. 이 실적은 같은 기간 공모 펀드의 수익률을 훨씬 뛰어넘는 결과입니다.

생존 편향에 대한
잘못된 해석을 경계하라

많은 사람이 '생존 편향'을 잘 이해

하지 못한 상황에서 남용하는 경향이 있습니다. 우리는 '생존 편향'을 경계해야 하지만 이 개념을 남용하는 상황도 조심해야 합니다.

예를 들어 한 매체에서 보도하는 '성공적인 창업 사례를 보면서 "저건 생존 편향이야. 실패한 사례가 훨씬 더 많다고!"라며 콧방귀를 뀌고는 그들의 이야기와 경험에 귀를 닫고 눈을 감아버리는 것이지요.

'생존 편향'이라는 개념은 어떻게 남용되고 있을까요? 앞에서 고속열차 위에서 인터뷰를 진행했던 기자의 예를 다시 한번 들어 볼게요. '생존 편향' 이론은 '기자가 열차 안에서 진행한 설문 조사로 모든 사람이 표를 구했다고 판단한 것은 잘못되었다'는 결론을 내린 것이 과학적이지 않다는 사실을 알게 해 줍니다. 하지만 그것으로 우리가 '모든 사람이 표를 구했다'는 결론은 반드시 틀렸다고 추론해서는 안 됩니다. 왜냐하면 남은 사람이 정말로 표를 구했는지 아닌지에 관한 정보를 아직 모르기 때문이지요. 설 연휴 기간에 우리는 그저 상식적인 판단에 따라 사람들이 표를 잘 구하지 못하리라 생각하지만 평소라면 고속열차 티켓을 구매하고 싶은 사람은 별 어려움 없이 살 수 있습니다. 따라서 기자의 조사 방식이 잘못되었다고 그의 결론이 반드시 틀렸다고 단정할 수는 없습니다.

무언가가 틀렸다고 그 반대가 꼭 옳은 것은 아닙니다. 따라서 '표를 구하지 못한 사람이 반드시 있을 것이다'라고 추론하는 것은 '생존 편향'을 남용한 경우에 해당합니다.

'생존 편향'의 남용을 경계하는 것은 매우 중요합니다. 사실 앞에서 언급했던 2차 세계대전 때의 통계학 교수 아브라함 발트의 사례도 훗날 이야기가 조금 더 단순하게 정리된 것일 뿐, 조금만 생각해 보면 과학적인 훈련을 받은 통계학 교수가 직관적인 판단으로 결론을 도출하지 않았을 거란 사실을 알 수 있습니다.

사실 전투기 공격 문제에 있어 발트 교수는 여덟 가지 서로 다른 영역의 보고서를 제출했습니다. 그중 주된 논문은 「생존 전투기의 피격 상황에 따른 전투기의 취약점 추정 방법A Method of Estimating Plane Vulnerability Based on Damage of Survivors」으로 80페이지에 달하는 분량에 수백 개의 공식이 사용되었지요. 『순차적 분석sequential analysis』이라는 유명한 작품을 남긴 이 권위 있는 교수조차 디테일하고 엄격한 분석을 통해 결론을 도출했습니다. 대충 머리를 굴려서 통계학자가 될 수 있다면 세상 사람들 모두가 통계학자가 되었을 것입니다.

안타깝게도 발트 교수는 향년 48세에 숨을 거두었습니다. 비록 '생존 편향'의 개념을 활용해 전투기에 숨겨진 위험성을 발견했지만 정작 자신은 부인과 함께 하늘에서 사고를 당해 목숨을 잃었지요. 슬프게도 그는 재난 속 마지막 생존자가 되지 못했습니다. 운명이라는 치열한 전투 속에 인지적 편차는 수없이 존재하지만 행운과 생존은 드물게 존재합니다.

그런 의미에서 '잘 웃는 사람에게 행운이 따른다.'는 말은 정말 맞아요. 운이 더럽게 없는 사람은 웃지 않기 때문입니다.

10장

가치에 대한 판단은 지극히 주관적이다

왜 남자친구는 게임 아이템에
돈을 쓰는 걸까?

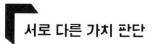 서로 다른 가치 판단

지금 남자친구와 연애한 지 3년 정도 되었어요. 처음에는 사랑도 많이 표현해 주고 저에게 참 다정한 사람이었어요. 하지만 작년부터 온라인 게임에 빠진 이후로 달라졌어요. 퇴근 후 집에 돌아오면 집안일은 거들 떠보지도 않고 새벽까지 컴퓨터게임만 해요. 그보다 더 화가 나는 건 게임 아이템을 사느라 돈을 쓰고 있다는 거예요. 나중에 이 사실을 알고는 정말 화가 많이 났어요. 계산해 봤더니 3개월 동안 무려 2백만 원 넘게 썼더라고요. 말이 되나요? 저는 도무지 이해가 안 돼요. 실제로 쓸 수 있는 물건도 아니고, 온라인에서 사용되는 그 허구의 아이템에 대체 왜 돈을 쓰는 걸까요?

당신에겐 꿀,
나에겐 독약

이 고민은 언뜻 보기에는 게임을 해야 할지 말아야 할지, 온라인 세계에서 돈을 쓰는 게 맞는지 아닌지에 관한 문제 같지만, 사실은 '가치 판단'에 관한 문제입니다. '당신에겐 꿀이지만 나에겐 독약인 문제로 싸우고 있는 것입니다. 남자친구가 온라인 게임에 돈을 쓰는 걸 도저히 이해할 수 없는 것처럼 그는 그녀가 비슷비슷한 옷을 수십만 원씩 주고 사는 게 이해가 가지 않을 거예요. 이러한 문제가 생기는 이유를 경제학 관점에서 해석하자면 가치라는 건 매우 주관적이기 때문입니다.

스웨덴의 게임 개발사가 2003년부터 서비스하고 있는 플랫폼 '엔트로피아 유니버스Entropia Universe'에서는 실제 미국 달러와 게임 화폐를 고정 비율로 교환할 수 있습니다. 여기에서 게임 역사상 가장 비싼 게임 아이템이 등장한 적이 있었어요. '플래닛 칼립소Planet Calypso'라는 행성 가격이 600만 달러를 기록한 것입니다. 이 금액이라면 상하이 강 주변에 지어진 최고급 펜트하우스를 통째로 구매할 수 있는 가격입니다. 부자들의 세계란 알다가도 모를 일이지요. 온라인 세계에 등장한 이 행성이 그토록 비싼 이유가 무엇일까요? 그것은 가치라는 것이 지극히 주관적인 판단으로 이뤄지기 때문입니다.

오스트리아 학파 창시자 카를 멩거Carl Menger는 가치가 주관적 개념이라고 주장했습니다. 그는 주관적 가치 이론의 초석을 닦은 인물로, 주관 경제 이론을 논리에 맞게 최초로 정리한 사람이었으며 윌리엄 스탠리 제번스, 레온 왈라스와 함께 한계 혁명에서 고전 경제학에 한 획을 그은 인물이 되었습니다. 대표작으로는 『국민경제학의 기본 원리The Principles of Economics』가 있습니다.

오스트리아 학파가 말하는 '가치는 주관적'이라는 개념은 과연 무슨 뜻일까요?

'잉여 가치'*에서 말하는 가치는 모두 객관적인 개념입니다. 다시 말해 세상에 존재하는 모든 물품은 객관적이고 내재적이며 본질적인 특징을 지닙니다. 사람의 의지로 그 가치를 전환할 수 없으며, 가격은 가치를 중심으로 상승 또는 하락합니다.

그렇다면 이러한 물건의 가치는 어디서, 어떻게 정해지는 것일까요?

사람이 한 물품의 가격을 어떻게 받아들이느냐는 그 물품의 객관적인 가치에 기반하지 않습니다. 자신이 그 물품을 바라보는 주관적 가치 판단을 기반으로 이뤄지지요.

사람은 각자 자기만의 가치 판단을 지녔습니다. 해산물을 좋아하는 사람이 있는 반면 싫어하는 사람도 있습니다. 누군가는 축구 경기 관람을 좋아하지만 고전 영화 관람을 좋아하는 사람도 있지요.

---

* 잉여 가치: 자본가가 노동자에게 지불하는 임금 이상으로 노동자가 생산하는 가치. 기업 이윤, 이자, 지대(地代) 같은 소득의 원천이 된다.

음악에 대한 감상이나 해석 역시 사람마다 다릅니다. 같은 사람이라도 시간과 상황별로 같은 사물에 대한 가치 판단을 다르게 내릴 수 있습니다.

다이아몬드도 사실은 반짝거리며 빛나는 돌멩이에 지나지 않아요. 만일 그것에 '영원한' 사랑의 상징이라는 이미지를 부여하지 않았다면 사람들이 그렇게 많은 돈을 내고 사지 않았을지도 모릅니다. 다시 말해 가치는 객관적인 가격 평가가 아니라 지극히 주관적인 판단으로, 그것을 바라보는 사람의 가치에 따라 결정된다는 걸 알 수 있습니다.

가치의 주관성으로
자발적 거래가 일어난다

주관적 가치의 놀라운 결과는 사람들이 교환이나 거래를 통해 서로 이익을 만들어 내고 이득을 얻는다는 것입니다. 예를 들어 당신과 친구가 함께 여행을 가기로 했습니다. 그런데 당신이 친구의 백팩이 더 마음에 들었고 친구 역시 당신의 백팩을 마음에 들어하면 서로 교환할 수 있어요. 이 교환 행위로 두 사람의 만족감은 상승하며 두 사람 모두 이익을 얻을 수 있습니다. 가치의 주관성이라는 특징이 작용하기 때문이지요.

시장 경제 역시 이러한 원리로 돌아갑니다. 밀을 재배한 농민이 벼를 재배한 농민과 서로 농작물을 교환했습니다. 이로써 그들은 새로운 농작물을 맛볼 수 있었지요. 둘은 그것으로 큰 만족감을 얻었기에 서로 이득을 얻을 수 있었고 더욱 부유해졌습니다. 각각 자신에게 가치가 낮은 물건으로 더 높은 가치를 지닌 물건과 교환했기 때문입니다.

그런데 '자발적 교환이 서로에게 원원'이라는 견해는, '교환은 제로섬zero-sum'*이라는 개념과 완전히 다르다는 것에 주의해야 합니다.

'제로섬 개념'은 시장 경제에서 타인의 이익을 희생함으로써 자신이 이득을 취한다는 원리입니다. 한 사람이 얻는 게 있으면 상대는 손실을 입기 때문에 누군가 부를 얻었다면 다른 누군가는 반드시 가난해집니다. 부유한 사람들에게 많은 이가 적개심을 갖는 이유도 '부자들은 가난한 사람의 이익을 취득해 부를 획득한다'는 생각을 하기 때문이지요.

하지만 사실은 그렇지 않습니다. 애플의 아버지 스티브 잡스나 농구계의 슈퍼스타 르브론 제임스, 팝스타 비욘세는 모두 부자입니다. 그런데 그들이 우리의 이익을 대가로 부를 획득했나요? 그렇지 않습니다. 그들은 자신이 개발한 제품과 천부적인 운동 재능, 사람들의 심금을 울리는 노래로 부를 획득했지요.

---

*   제로섬: '한쪽의 이득+다른 쪽 손실=제로'가 되는 게임 이론. 승자의 이득은 곧 패자의 손실을 뜻하므로 전체의 합은 증가하지 않는다.

'보이지 않는 손'이
거래를 이끌어 간다

'자발적 교환에 참여하는 사람들은 상호 이익을 얻는다'는 개념은 아무리 강조해도 지나치지 않습니다. 이 개념의 핵심은 자유롭게 경쟁하는 경제 체제에서 자신을 위해 더 많은 이익을 취하려는 사람은 '보이지 않는 손'에 이끌려 타인에게 행복을 안겨 준다는 점입니다.

왜 그럴까요? 자유 사회에서 타인은 당신과 상호작용할 필요나 의무가 없습니다. 만일 당신이 타인에게서 무언가를 얻고 싶다면 그들에게 가치가 더 있는 물건을 대가로 제공해 수익을 올릴 수 있다는 점을 어필해야 합니다. 미국의 유명 경제학자이자 조지메이슨 대학교수 월터 윌리엄스 Walter E. Williams 는 "자유 시장에서 당신은 타인에게 서비스를 제공함으로써 더 많은 이익을 얻을 수 있다. 그 사람에게 관심을 주거나 돌봐줄 필요는 없다. 그저 서비스만 제공하면 된다." 라고 말했습니다.

경제학에서는 이러한 원리를 '보이지 않는 손'으로 해석합니다. 1776년 애덤 스미스의 『국부론』에 이와 관련한 대목이 등장합니다. "비록 비즈니스 활동에 종사하는 사람은 자신의 이익만을 계산하겠지만, 다른 장소에서와 마찬가지로 이 영역에서도 보이지 않는 손에 이끌려 본래 자신이 의도하지 않았던 목적, 즉 공공의 이익을 실현하는 목적에 도달하게 될 것이다."

오스트리아 학파는 우리가 일전에 배웠던 '객관적 가치론'과 상반되는 개념이 바로 '주관적 가치론'이라는 걸 알려 줍니다. 물품은 내면의 본질적 가치를 지니지 않지만 사람들이 거기에 주관적 가치를 부여하지요. 따라서 만일 당신이 느끼기에 가치 있는 것은 가치를 지니게 되며, 가치 없다고 느끼는 것은 가치가 존재하지 않는 것입니다. 그렇다면 객관적 가치론과 주관적 가치론 가운데 우리가 이 세상을 이해할 때 더 많은 도움을 주는 것은 무엇일까요? 이것을 이해하기 위해 '개인의 가치Personal Worth'라는 개념을 함께 살펴보려고 합니다.

개인의 가치가
가격을 결정한다

현대 재산권 연구의 창시자인 아르멘 알치안Armen Albert Alchian은 "한 상품에 관한 개인의 가치는 그 제품을 얻어 내기 위해 제공할 수 있는 다른 제품의 최고 수량"이라고 결론 내렸습니다. 쉽게 말해 '어떤 제품을 얻기 위해 당신이 지불할 수 있는 돈'을 말합니다.

의외로 너무 간단한 것 같아 고개를 갸우뚱했다면 걱정하지 마세요. 여기에는 세 가지 의미가 포함되어 있으니까요.

첫째, 오직 개체만이 행동력을 지닙니다. 집단, 단체는 어떤 사건에 관해 평가하고 사고하고 느낄 수 없습니다. 우리가 평소에 어떤 기업이, 기관이, 단체가 무슨 무슨 일을 했다고 말하지만 결국 그것은 개인, 한 개체가 해낸 일입니다. 기업, 조직, 기관, 단체, 학교 등의 형식을 지닌 집단은 우리의 머리로 상상해 낸 추상적 개념입니다. 그러나 개인의 가치는 오직 개인이 결정하는 것으로 이는 단체나 집단이 대신 할 수 없어요. 이것이 첫 번째 숨겨진 의미입니다.

둘째, 모든 가치와 가치 평가는 개인에서 비롯합니다. 어떤 제품에 대한 평가는 절대적인 주관에 따라 결정되지요. 객관적 평가는 근본적으로 존재할 수 없습니다. 다시 말해 사람이 없으면 세상의 모든 부는 부가 될 수 없고 가치를 지닐 수 없습니다. 가치는 사람이 부여한 것입니다. 하나의 돌멩이에 지나지 않았던 다이아몬드가 좋은 예입니다.

이런 관점을 가진 경제학자들은 이것을 경제학의 중요한 방법론으로 인식했습니다. 그래서 그들은 자신을 '개인주의적 주관가치론자'라고 부릅니다. 이것이 두 번째 숨겨진 의미입니다.

셋째, 개인의 행동은 모두 관찰과 기록이 가능합니다. 개인의 가치는 행동에 기반하고 있습니다. 어떤 염원이나 소망 같은 것이 아니에요. 개인의 주관적 판단에서 시작해 구체적인 행동으로 완성됩니다. 주변의 사람은 그것을 눈으로 직접 관찰할 수 있고 측량이 가능하며 글로 기록하거나 계산할 수 있습니다. 그 속에서 규칙이나 규범을 찾아내기도 하지요.

예를 들어 한 기업에서 큰돈을 들여 여배우를 제품 광고 모델로 발탁하고자 한다면 대중이 인정하는 공인된 배우와 계약을 맺을 겁니다. 대표 눈에만, 혹은 광고주 눈에만 예쁜 사람이어서는 안 되겠죠. 만일 10억을 주고 계약을 진행하기로 해놓고 실제로 돈을 주지 않는다고 해도 문제입니다. 그렇다면 그 배우에 대한 개인의 가치가 실현되지 않습니다. 반대로 실제 10억 원을 지불하고 광고를 찍는다면 우리는 그 결과를 눈으로 볼 수 있습니다. 그 돈을 들여 광고를 진행한 뒤 실제 제품 판매가 늘었는지, 비슷한 광고 투자에는 대략 예산이 얼마가 들어가는지 등을 계산하고 측량할 수 있으며 관찰할 수 있습니다. 이것이 바로 세 번째 숨은 의미입니다.

이처럼 개인의 가치에는 이상의 세 가지 의미가 포함되어 있습니다.

이것이 왜 특별할까요?

베이징 대학의 경제학자 쉐자오펑 교수는 "중요한 경제학 원리나 경제 정책은 모두 이 개인의 가치라는 핵심 개념에서 출발한다. 소비자 잉여라든지 판매자가 책정한 제품 가격의 타당성, 정부의 부동산 규제 정책 등에 관한 사회적 토론 등은 모두 개인의 가치를 이해한 데서 비롯한다."라고 말했습니다.

개인의 가치는 개인의 바람이나 소망이 아닙니다. 그보다는 '그것을 얻기 위해 포기하고자 하는 재화의 수량'으로 계산할 수 있습니다. 다시 말해 개인의 가치는 추상적이고 모호한 개념이 아니라 실제로 볼 수 있는, 실질적인 것입니다.

　주관적 가치론은 객관적 가치론이 풀어 낼 수 있는 문제를 함께 해석할 수 있지만 객관적 가치론이 해결하지 못하는 문제까지 설명할 수 있습니다.

　똑같은 광고를 찍는다고 해도 스타 배우가 초콜릿을 먹는 것과 보통 사람이 초콜릿을 먹는 광고 효과는 완전히 다릅니다. 객관적 가치론에서 보자면 두 상황 속 인물의 순수 노동력은 비슷합니다. 배우라고 해서 초콜릿을 먹는 데 특별한 기술을 쓰거나 전문적 스킬이 필요한 건 아니니까요. 하지만 그들의 '몸값'과 광고 효과는 하늘과 땅 차이입니다. 주관적 가치론으로 이것을 해석하면 간단합니다. 그 스타 배우를 좋아하는 사람이 많으므로 광고를 찍는 효과가 있는 것이지요.

가치는 효용과
희소성이 있을 때 생겨난다

그렇다고 모든 주관적 느낌이 가치 심리와 연결되는 것은 아닙니다. 구체적으로 어떤 사물의 가격을 책정하고자 하는 심리가 생길 때 비로소 가치가 생겨납니다.

　예를 들어 우리는 매일 햇볕의 따스함을 경험합니다. 이것은 주관적 느낌입니다. 그렇다고 그것을 돈을 주고 사려고 하지는 않지요.

햇볕에 대한 가치는 일종의 심리적으로 느끼는 느낌일 뿐, 그것에 가격을 매기고자 하는 생각은 하지 않는 겁니다. 그러므로 햇볕의 가치는 환산하지 않습니다.

이런 의미에서 본다면 주관적 느낌이 곧 구매 수요를 일으키진 않으므로 가치가 발생하지 않는다는 걸 알 수 있어요. 그렇다면 사람들은 어떤 상황에서 가치 심리를 느낄까요? 현재 유행하는 이론에 따르면 물품의 효용과 희소성이 같이 있을 때 비로소 가치가 형성된다고 합니다. 중요한 건 둘 중 하나라도 없어서는 안 됩니다. 공식으로 정리하면 다음과 같습니다.

가치 = 효용 × 희소성

효용은 일종의 심리적 현상이며 희소성은 주관적 느낌으로 결정됩니다. 주관 의식은 구체적으로 만지거나 볼 수 있는 것이 아니기 때문에 공식의 적용 범위가 매우 좁고 효력을 잃을 수도 있습니다. 그래서 효용과 희소성 사이에 객관적 요소가 반드시 있어야 합니다. 효용과 희소성은 각각 주관성과 객관성으로 구분할 수 있습니다.

객관적 희소성은 개인의 주관적 느낌으로 결정되는 것이 아닙니다. 가령 다이아몬드의 희소성은 개인의 느낌이 아닌 실제 자연계에 희소하게 존재하는 자원입니다. 주관적 희소성은 주관적 느낌이 객관적 희소성에 영향을 미친 결과입니다. 객관적으로 희소한 물품은 나의 주관 역시 그것이 희소하다고 느낍니다. 다이아몬드는 주관적으로도 모두 그것이 희소하다고 느낍니다. 객관적으로 희소하지 않은 물건이라도 나의 주관은 희소하다고 느낄 수 있습니다. 내가 느끼기에 희귀하다고 느끼면 그것이 희귀한 물건이 되고 세상에 하나밖에 없다고 느끼면 정말 그렇게 되는 것이지요. 이것이 바로 주관적 희소성이 객관적 희소성에 미치는 왜곡과 변이입니다.

객관적 효용은 무엇일까요? 우리가 전통적으로 말하는 가치, 즉 우리의 삶에 가져오는 실질적인 작용을 말합니다. 객관적 효용은 물품 자체가 지닌 속성에 따라 결정됩니다. 어떤 주체가 그것에 대해 느끼는 느낌이나 감정과는 아무런 관련이 없어요. 공기는 사람에게 객관적 효용성이 있습니다. 우리가 그 존재를 느끼든 못 느끼든 상관없이 현실적으로 존재합니다.

그에 반해 주관적 효용이란 사람이 효용성에 관해 느끼는 주관적 느낌입니다. 실제로 유용한지 아닌지가 아니라 개인적으로 그것의 '유용성'에 관해 내리는 판단에 따라 결정됩니다. 예를 들어 볼게요. 등산을 가서 작은 계곡 앞에서 쉬고 있는데 계곡물 안에 무수히 많은 돌 중에서 신기하게 생긴 돌 하나를 발견했습니다. 모양은 물론 빛깔까지 아주 마음에 들었어요. 그걸 집에 가져가서 책상 위에 두면 공부를 하거나 책을 읽을 때 좋을 것 같습니다. 서재 인테리어에도 도움이 될 것 같아요. 이 돌멩이는 이제 매우 큰 효용성을 지닙니다. 이것이 바로 주관적 효용입니다.

'가치 = 효용 × 희소성'이라는 공식은 적용 범위가 너무 광범위해서 가격이나 가치 현상을 해석할 때 그 힘을 잃을 수 있습니다. 그래서 또 다른 경제학자가 다음과 같은 새로운 공식을 정립했습니다.

가치 = 객관적 효용 × 주관적 희소성

이 공식은 매우 강력합니다. 우리가 물건의 가치를 평가할 때 그 물건 자체가 갖는 유용성은 물론 내가 그 물건을 얼마나 좋아하고 갖고 싶은지를 함께 생각하기 때문이지요.

매우 실용적이고 용도가 다양해도 나에게 별 장점이 없다면 가치는 그리 높지 않습니다. 산소는 모든 사람에게 필요하지만 어디에나 존재하며 그것을 호흡하기 위해 어떤 대가를 지불하지 않아도 되므로 희소성이 없습니다. 그럼 자연스럽게 가치도 떨어집니다. 그 누구도 산소를 위해 따로 비용을 지불하려 하지 않습니다. 하지만 심각한 천식 환자가 고원 지역으로 여행을 갔다고 해 봅시다. 산소는 여전히 산소고 객관적인 효용에도 아무런 변함이 없습니다. 산소에 대한 사람들의 수요에도 변함이 없지요. 하지만 고원 지역에 있는, 특히나 천식 환자에게는 산소의 주관적 희소성이 커집니다. 이때 이 사람에게 산소의 가치는 올라가며 심지어 값을 지불해서라도 산소통을 구매하고자 합니다. 그러나 함께 여행을 간 친구는 천식 증상이 없어 숨을 쉬는 데 아무런 지장이 없습니다. 똑같이 고원 지역에 있지만 산소는 그에게 아무런 주관적 희소성이 없는 것이죠. 그는 돈을 내서 산소통을 구매할 의향이 없습니다.

2021년 중국의 전자제품 기업 샤오미가 로고를 리뉴얼했습니다. 언뜻 보기에는 가장자리만 조금 둥글게 바뀐 것 같은데 거기에 약 3억 원을 투자했다고 합니다. 이를 두고 갑론을박이 펼쳐졌습니다.

만일 주관적 가치 면에서 본다면 쉽게 이해할 수 있습니다. 변화의 크기에 상관없이 샤오미의 새로운 로고의 가치는 '객관적 효용 × 주관적 희소성'에서 드러나기 때문이지요.

먼저 새로운 로고를 발표하면서 전 세계의 이목을 집중시켰습니다. 샤오미를 좋아하는 사람이든 아니든 일단 여러 채널을 통해 샤오미가 발표한 새로운 로고를 접할 수 있었고 가장자리가 둥글게 변했다는 사실을 알게 되었어요. 심지어 여러 언론에서는 이를 두고 비아냥거리며 조롱을 일삼았습니다. 이러한 모든 것이 노이즈마케팅이 되어 객관적 효용성에서 볼 때 홍보를 극대화하는 효과가 있었습니다. 사실 이것이야말로 브랜드 로고에 막대한 비용을 투자하며 리뉴얼을 진행한 목적이기도 했습니다.

두 번째로 이 로고는 세계적으로 유명한 그래픽 디자이너 하라켄야가 3년 동안 공들여 만든 결과였습니다. 그 로고에 깃든 정신을 우리가 다 이해하든 못하든 최소한 우리는 마음속으로 더는 그 기업의 제품이 '길거리 상품'이 아니라는 생각을 하게 되었고 이로써 희소성을 지니게 되었습니다. 이 두 가지 면에서 볼 때 샤오미의 새로운 로

고의 가치는 충분히 실현된 것입니다.

감정에도
가치 판단이 있다

'남자친구의 게임 아이템 구입' 문제로 이번 장을 시작하면서 여러 개념을 알아보았습니다. 감정적으로는 어느 정도 해소되었을지 모르겠어요. 그렇다고 고민 상담의 주인공이 게임에 대한 남자친구의 주관적 가치를 완전히 이해했다거나, 앞으로 그가 게임하는 걸 너그럽게 이해하고 영원히 오래오래 행복하게 살 거라는 보장은 없습니다. 예전에는 둘의 관계가 정말 좋았다가 지금은 그렇지 않다고 했는데, 사실 남녀의 감정 문제도 본질적으로는 주관적 가치의 판단이 영향을 미칩니다.

다들 알다시피 사랑의 본질은 '끌림'이에요. 그렇다면 그 '끌림'의 본질은 무엇일까요? 바로 가치입니다. 돈, 직업, 학력과 같은 외적 가치도 가치고 개인의 매력이나 감성지수, 자신감 등의 내적 가치도 가치에 해당합니다. 그러나 이 가치들에 대한 평가는 주관적입니다. 돈 많은 사람을 좋아하는 사람은 아무리 상대의 외모가 준수하다고 해도, 또 상대가 중시하는 가치와 내 가치가 서로 맞지 않으면 주관적인 가치 평가는 낮아집니다. 두 사람이 계속 관계를 이어 갈 수 있는지 없는지는 주관적 가치의 판단 기준이 가장 큰 영향을 줍니다.

'정말 사랑하는 사이는 아무리 못생긴 연인도 누군가 채 갈까 봐 걱정한다'는 우스갯소리처럼 객관적 가치는 낮을지라도 두 사람의 마음속 주관적 가치가 높으면 그만입니다.

『장자』의 「도척盜跖」에는 미생尾生이라는 사람이 한 여인과 다리 아래에서 만나기로 약속했지만 여인이 나타나지 않습니다. 비가 많이 내려 물이 불어나도 자리를 떠나지 않은 그는 결국 다리 기둥을 끌어안고 죽었다는 일화가 나옵니다. 죽음과 사랑, 두 가지 어려운 선택지 중에 미생은 후자를 택했던 것이지요. 그렇다면 그의 주관적 가치는 '사랑 > 목숨'이었다는 걸 알 수 있습니다.

연애를 막 시작하는 단계에서는 대부분의 에너지를 상대에게 쏟아붓습니다. 상대가 당신 마음속 주관적 가치에서 매우 높은 비중을 차지하기 때문이죠. 왜 그럴까요? 객관적 효용에서 보자면 연인 관계가 솔로일 때보다 더 많은 효용을 지니기 때문입니다. 주관적 희소성에서는 '눈에 콩깍지'가 씌어서 오로지 당신 눈에는 그 사람만 보이기 때문에 희소성은 자연스레 폭발적으로 증가합니다.

하지만 함께한 시간이 오래될수록 연인 관계의 객관적 효용도 감소하기 시작합니다. 빨래나 요리 등 현실적이고 세속적인 요구 사항이 아름다운 삶에 대한 당신의 열망을 흐리게 만듭니다. 주관적 희소성은 어떤가요. 온라인 게임이 남자친구의 삶을 파고들었고 그의 눈에 더는 당신이 우선이 아닙니다.

그렇다면 이 상황을 어떻게 개선할 수 있을까요?

만약 상대의 마음속에서 당신의 가치를 올리고 싶다면 '가치＝객관적 효용성×주관적 희소성'의 공식을 적용해야 합니다. 객관적 효용성은 바꿀 수 없으니 주관적 희소성을 상대의 마음속에서 바꾸려고 해야 합니다.

이 공식이 있으면 연애도 결혼 생활도 잘 운영해 나갈 수 있습니다. 사랑하는 사람들은 자신의 객관적 효용성, 교양이나 성품, 사랑의 능력 등을 개선하고 개발해야 합니다. 아울러 서로의 마음속 주관적 희소성이 시간이 갈수록 늘어나도록 노력해야 해요.

서로의 외모에 끌렸던 사랑도 결국에는 서로의 가치관에 집중하게 되지요. 가장 아름다운 사랑은 서로 노력하고 의지하며 지지하고 응원해 주는 모습이 아닐까요?

11장

일이든 삶이든 확률을 정확히 이해하라
인생의 승자는 곧 확률의 승자다

남들은 다 잘사는 것 같은데
내 삶은 왜 이리 힘들까?

확률과 리스크

어릴 적부터 말 잘 듣는 착한 아이로, 대학교도 부모님이 정해 주신 수도권 명문 대학에 들어갔고, 전공도 그때 당시 가장 유행하던 금융관리학과에 진학했습니다. 본과를 졸업한 뒤에는 석사 공부를 했고 석사 학위를 받은 뒤에는 유명한 투자 기관에 들어갔지요. 연봉은 남부럽지 않을 만큼 받았고, 잔업이 조금 많은 것 빼고는 큰 어려움은 없었습니다. 돌아보면 이제까지 제 인생은 한 걸음씩 순탄한 길을 걸어온 것 같아요.

그런데 요즘 들어 순조로운 인생은 이제 모두 과거형이 된 것 같습니다. 몇 년 동안 이어진 과중한 업무에 매일같이 반복된 야근으로 심신이 모두 지쳐 버렸는데, 별 실적은 없으면서 CFA 자격증을 취득했다는 이유로 한 동료가 저보다 먼저 진급해 버렸습니다. 제가 야근하며 열심히 일할 때 그는 문제집만 들여다보고 있었어요. 그걸 보고 나니 혼란스러워졌습니다. 정말 허무했어요. 아무도 모르게 저는 헤드헌터 회사에 연락했고 현재 이직을 준비 중입니다.

왜 불행은 한꺼번에 연이어 찾아오는 걸까요. 안 그래도 직장 때문에 머리가 아픈데 설상가상으로 지금껏 건강하셨던 부모님 건강에 적신호가 켜졌습니다. 특히 아버지는 얼마 전 받으신 건강검진에서 말기 암 진단을 받으셨어요. 의료보험 적용이 되긴 하지만 적용되지 않는 비용들을 합치면 약 3천만 원 정도 됩니다. 무서운 건 아직 그 끝이 어딘지 모른다는 거죠. 부모님은 저를 키우며 교육하시느라 따로 모아 두신 돈이 없어요. 저도 취업 후 몇 년 동안 모아 두었던 적금을 모두 깼습니다.

거기서 끝이 아니에요. 요즘 들어 부모님께서는 진즉에 괜찮은 암 보험 하나 들어놓지 않은 걸 내내 후회하며 불평하신다는 거예요. 사실 몇 년 전에 부모님 친구분이 홍콩에 본사를 둔 보험회사의 고급 암 보험 상품을 소개하시면서 가입을 권하신 적이 있었어요. 나중에 큰일이 생기면 바로 보험금을 청구할 수 있다면서요. 저는 보험은 확률적으로 봤을 때 가성비가 떨어진다고 생각했어요. 앞날의 두려움, 미래를 예측하지 못하는 막연함 같은 심리를 보험회사에서 교묘히 이용해 무지한 사람들을 '갈취'한다고 생각했죠. 그래서 부모님이 보험에 가입하신다고 할 때 극구 말렸거든요. 그런데 그 말도 안 되는 확률이 제게 일어날 줄은 몰랐습니다. 지금은 보험 하나 들어놓지 못한 '불효자'가 되어 부모님 얼굴도 제대로 못 쳐다보는 지경이에요. 정말 우습지 않나요?

졸업하고 보니 예전에 학교에서는 평범하기 짝이 없던 친구들이 사회에서는 떵떵거리며 잘나가고 있습니다. 회사에서 전액 지원을 받아 하버드로 공부하러 간 친구도 있고, 특진을 해서 어린 나이에 팀장직을 달고 연봉이 몇 배로 뛰어오른 친구도 있어요. 그들과 비교하면 제 인생은 지금 한창 나락으로 떨어지고 있는 것 같습니다. 운명의 여신이 제 인생을 두고 고약한 장난을 치는 것 같아요. 회사에서는 진급도 못 하고, 마음 의지할 짝을 만난 것도 아닌 데다 당장 부모님을 간병하며 부양해야 하는 상황입니다. 다른 사람들은 꽃길만 걷는데 제 인생은 왜 이렇게 진흙탕 속에서 허우적대고 있는 걸까요? 이 인생의 불공평함을 어떻게 극복해야 할지 모르겠습니다.

확률을 모르면
도박사의 오류를 범한다

인생은 불공평의 연속입니다. 역사의 굴곡은 모든 사람에게 골고루 분배되지 않아요. 하지만 역사는 멈추지 않고 계속 진행되며 그 기복과 굴곡을 따라 어쨌든 우리는 꾸역꾸역 살아갑니다. 시대의 한 줌 먼지에 지나지 않는 일도 개인에게는 산처럼 거대하고 막연하지요. 하지만 우리에겐 그 산을 옮길 힘이 없습니다.

그렇다고 굳이 그 산을 옮겨야 할 이유는 없어요.

소위 명문대학의 금융관리학과를 졸업하고 석사 과정까지 이수한 다음 유명 투자 기관에 입사해 높은 연봉을 받는 당신. 우리 같은 보통 사람들에게 당신의 인생은 이미 부러움 천지입니다. 인생은 원래 불공평해요. 다만 그전까지 당신은 부모님의 그늘 아래서 그걸 경험하지 못했을 뿐입니다.

인생을 단계별로 본다면 순탄하게 흘러가는 때가 있으면, 또 그렇지 못한 때도 있습니다. 사람들은 성공의 단계는 자신의 노력으로 인한 결과라고 하지만 어려울 때는 운의 탓으로 돌립니다. 사실 경제학에서 우리는 모두 배웠습니다. 이건 그저 확률일 뿐입니다.

당신은 확률의 관점에서 보험을 해석했지만 현재 당신의 어려움에는 적용하지 않고 오로지 운 탓으로 돌리고 있어요. 그렇게 많은 지식을 배워 놓고도 실생활에 적용하지 못하는 게 안타깝습니다.

'도박사의 오류'*에 관해 들어본 적 있나요? 동전을 던졌을 때 나오는 면을 맞히는 게임을 생각해 볼게요. 처음 던진 동전은 앞면이 나왔습니다. 그렇다면 그다음에는 앞면이 나올까요, 아니면 뒷면이 나올까요? 아마 당신도 나처럼 앞면이 나올 거라는 데 마음이 기울었을지도 모릅니다. 왜냐하면 앞면과 뒷면이 나올 확률이 반반으로 동일하다고 봤을 때 이번에 앞면이 나왔다고 해서 다음번에 꼭 뒷면이 나

---

* 도박사의 오류: 도박에서 줄곧 잃기만 하던 사람이 이번엔 꼭 딸 거라고 생각하는 오류를 말한다. 하지만 이기고 질 확률은 언제나 50 : 50이다. 즉, 확률에서는 앞 사건의 결과와 뒤 사건의 결과가 서로 독립적인데, 도박사의 오류는 이를 이해하지 못해서 발생한다.

오리라는 보장은 없기 때문이죠. 그보다는 그냥 마음이 조금 더 기우는 곳으로 아무거나 하나 고르면 되지 않을까 하는 생각이 듭니다. 아마 모르긴 몰라도 백 명에게 이 질문을 하면 앞면과 뒷면이 각각 반반씩 나올 거예요. 그렇다면 10번 연속 모두 앞면이 나왔을 때, 11번째에는 어떤 면을 선택할까요?

일단 이 게임에는 속임수나 반칙이 적용되지 않습니다. 그렇다면 앞면과 뒷면이 나올 확률은 반반임이 틀림없어요. '연속 10번 앞면'이 나올 상황은 매우 드물고 확률도 아주 낮습니다. 그럼 100명 중에 80명은 뒷면을 선택하지 않을까요? 왜냐하면 연속 11번 앞면이 나올 확률은 너무 적으니까요. '상식적'으로 생각해 보면 뒷면이 나올 확률이 급격히 올라가므로 뒷면에 내기를 거는 편이 훨씬 더 승산이 있다고 생각하는 것입니다.

하지만 알다시피 11번째에 앞면이 나올 확률도 절반입니다. 이때 뒷면에 내기를 건다고 갑자기 승률이 껑충 뛰어오르진 않습니다. 왜 그럴까요? 흔히 우리가 알고 있는 확률은 통계학 중에서도 유명한 '큰 수의 법칙Law of Large Numbers'에 해당합니다. 이것은 경험적 확률과 수학적 확률 사이의 관계를 나타내는 법칙으로, 표본집단의 크기가 커지면 그 표본 평균이 모평균에 가까워짐을 의미합니다. 쉽게 말해 표본이 많아질수록 실제의 값과 기댓값의 차이가 줄어듭니다.

그러나 불행하게도 사람들은 어떤 불확실한 사건에 관해 확률적으로 판단을 내릴 때 큰 수의 법칙을 '작은 수'의 법칙으로 바꿔 버리는 경향이 있습니다. 즉, 적은 표본을 전체 값으로 착각해 버리는 것이죠. 그래서 '동전을 11번 던졌을 때 앞면과 뒷면이 나올 확률은 절반'이라는 잘못된 결론을 내립니다. 카너먼과 트버스키는 이러한 현상을 '소수의 법칙'으로 정리했고 이는 행동경제학의 중요 이론으로 자리 잡았습니다.

동전을 던져 앞뒷면이 나오는 것을 맞히는 게임이 바로 '소수의 법칙'과 연관된 대표적인 '도박사의 오류'입니다. 동전을 여러 번 던졌을 때 여러 차례 앞면(혹은 뒷면)이 나오면 도박사는 다음번에 뒷면(혹은 앞면)이 나올 확률이 더 크다고 생각하고 더 많은 돈을 겁니다.

'큰 수의 법칙'에 따르면 동전을 던진 수가 충분히 많으면 동전의 앞뒷면이 나올 확률은 거의 동일합니다. 하지만 그렇지 않은 경우라면 이 통계의 법칙은 성립되지 않습니다.

예를 들어 연속으로 동전을 10번 던졌을 때 앞면이 나온다고 해서 그 후로 10번 뒷면이 똑같이 나오진 않는다는 얘기입니다. 동전이 기억력을 가지고 살아서 움직이지 않는 이상 어렵지요. 사실 11번째에는 어떤 면이 나올지는 10번째와는 아무런 관계가 없습니다. 왜냐하면 매번 동전을 던지는 행위는 독립적인 사건이기 때문입니다.

이 예화가 설명하고자 하는 것은 무엇일까요? 확률은 우리의 상상과 다르다는 것입니다. '연속 11번 앞면이 나올 확률'과 '11번째 앞면이 나올 확률'은 완전히 다른 두 개의 사건이므로 이것을 한데 묶어 생각해서는 안 됩니다.

'진급하지 못한' 상황과 '아버지의 병'이라는 두 가지 일은 아무런 관련이 없어요. 그것을 한 데 묶어서 운이 없다고 말하는 건 '확률'을 제대로 이해하지 못했다는 것과 같습니다.

사실 사람들은 어떤 좌절이나 고통을 만나면 그것이 자신의 실수나 과오라는 걸 받아들이지 못합니다. 그저 그것이 확률적으로 일어난 일이라 여기며 '나는 운이 나쁜 사람'이라는 결론을 내리지요. 이 결론을 자신과 타인에게 설득시키기 위해 아무런 관련이 없는, 또 다른 독립적인 사건들을 끌어오고, 이로써 자신이 '운이 없어서' 그렇게 된 것이라 말합니다.

통계에 대한 오해는 이뿐만이 아닙니다. 사람들은 확률을 확실성과 한데 묶어 생각합니다. 분명히 비가 온다고 했는데 햇빛이 쨍쨍하거나, 구름이 꼈다가 맑아진다고 했는데 비가 오면 기상청을 욕하는 것처럼 말이죠. 그런데 정말 이것이 모두 기상청의 '엉망진창 예보' 때문일까요?

사실 현재의 날씨 예보 기술로는 48시간 안의 날씨 변화를 예측할 수 있습니다. 이미 아주 정확한 수준에 도달했다고 할 수 있어요. 하지만 예보는 언제까지나 예보일 뿐입니다. 미래의 날씨 변화를 분석하고 예측하는 것일 뿐, 이미 발생한 일을 정확하게 묘사하는 게 아니라는 말입니다.

그날의 일기 예보에서 '흐림 뒤 비'라고 예측했다는 건 그러한 현상이 일어날 확률이 70%에 달한다는 뜻입니다. 사실 '흐림 뒤 비'라고 예보한 날 가운데 실제로 70%의 일수만 정말 '흐림 뒤 비'가 내렸습니다. 그러나 '흐림 뒤 비'라고 예보한 날 중에서 모든 날의 날씨가 그랬던 건 아닙니다.

그런데 왜 우리는 기상청이 늘 잘못된 예보를 한다고 생각할까요? 그건 우리가 앞에서 말했던 '선택 편향'과 관련 있습니다. 우리는 평범했던 일보다는 기억이 선명하고 뚜렷한 일을 더 잘 기억합니다. 그래서 일기 예보가 정확했던 평범한 날은 그냥 지나가는 반면 일단 예보가 엇나간 날에는 '증오의 마음'을 가지고 오랫동안 머릿속에 담아 두고 기상청을 탓하죠.

그래서 지금은 일기 예보에서 "오늘 비 올 확률은 60%입니다."라고 말하기 시작했습니다. 그런데도 사람들은 60%보다는 '비 올 확률'이라는 단어에 꽂혀서 "비가 온다고 말했으면 확실히 비가 내려야 하는 것 아니냐!"고 말합니다. 만일 비가 내리지 않으면 예측이 틀렸다고 비난하지요.

정확한 결과를 예측하는 것과 어떠한 결과의 발생 확률을 예측하는 것은 완전히 다른 2개의 일이라는 걸 확실히 알아야 합니다.

어떤 일을 결정하거나 예측할 때 그 일의 발생 확률을 계산하는 사람은 거의 없습니다. 왜냐하면 우리가 진정으로 원하는 것은 확실한 결과이지 불명확하고 애매한 가능성이 아니기 때문입니다. 우리는 오늘 주식이 하락할지 아닐지, 내가 산 주식이 어디까지 상승할지, 내일 상사가 진급시키는 사람이 나인지 아닌지, 이번 시험에 합격할 수 있을지, 이번 비행기 이륙 시간이 딜레이될지 아닐지, 왕자와 공주는 행복하게 살 수 있을지 없을지를 정확하게 알고 싶은 겁니다.

하지만 어떤 일이 발전하는 과정은 하나하나의 사건으로 촘촘하게 연결되어 있고 모든 사건은 유기적으로 발생하며 각각의 서로 다른 발생 확률을 지니고 있습니다. 하나하나의 사건만 보면 독립적이지만 전체를 보면 모든 요소가 복잡하게 얽혀 있죠. 예측한 일 중에서도 실제로 어떤 하나의 사건이 일어나야만 비로소 미래의 가능성들이 하나로 귀납됩니다. 그 이후로는 또 어떤 일이 발생할지, 그 발생 확률은 얼마이며 어떤 변화가 발생할지 계속 주목해야 합니다. 그렇게 최종적으로 모든 가능성은 하나의 사건 고리로 모이게 됩니다. 결과는 그렇게 만들어집니다. 이때야 비로소 우리는 예측했던 다른 가능성들은 사라졌고, 거스를 수 없는 하나의 결과가 탄생한 걸 보게 됩니다.

어떤 하나의 일이 확실한 최종 결과를 향해 가는 과정에서는 모든 일이 발생할 가능성이 존재합니다. 우리는 모든 일이 각각 발생할 확률은 얼마이며 그 사건들 사이에는 어떤 연관이 있고 서로 어떤 영향을 주고받는지에 관심을 기울여야 합니다.

이번 진급에서 '나 아니면 진급할 사람이 없다'고 생각했더라도 그것은 하나의 확률일 뿐, 확정된 일이 아닙니다. 각 방면에서 다른 사람보다 정말로 훨씬 우수하다고 해도 그것은 진급할 확률을 높여 주기만 할 뿐입니다. 상사가 진급 대상을 고려하는 과정에서는 그 어떠한 일이라도 이 확률에 크고 작은 변화를 가져올 수 있습니다. 만일 처음부터 자신의 진급을 필연적인, 당연한 일로 간주하고 인사 평가 과정에서 일어나는 일련의 변화를 간과했다면, 그래서 그에 대응하지 못했다면 그 '확률'을 오해한 것일 수도 있죠.

우리가 주목해야 하는 건 서로 다른 사건의 연결 고리 가운데 존재하는 확률입니다. 다시 말해 누구도 결과를 예측할 수는 없어요. 결과는 일어나 봐야 압니다. 만일 성공 확률을 높이고 싶다면 결과를 완벽하고 아름답게만 예측해서는 안 됩니다. 그 연결 고리 사이에 존재하는 모든 사건의 가능성을 주목해야 하며, 그래야만 비로소 최종 결과와 예측 사이의 거리를 좁힐 수 있어요.

최대한 많은 정보를 찾아
선택지를 확보하라

확률의 존재로 인해 우리 인생에는 선택지가 많은 것처럼 보입니다. 하지만 정확히 말하면 우리에겐 0.0001%의 선택만 있을 뿐입니다. 과연 그걸 선택이라고 할 수 있을까요?

확률론에 관해 배울 때 쉽게 오해하는 또 다른 한 가지는 바로 일어날 가능성이 있는 일을 정말로 그렇게 되리라 확신하는 것입니다. 이럴 때 우리는 내 인생에 유리한 패를 손에 쥐고 있다고 확신합니다. 당신이 헤드헌터에 연락해서 이직을 준비하는 것도 그런 맥락이에요. 하지만 과연 이런 문제에 관해 얼마나 진지하게 고민해 봤는지 묻고 싶어요.

- 지금 회사에서 받는 처우와 동일하게 제공하는 회사가 업계 내에 얼마나 있는가?
- 이직할 회사에서 적응하는 데는 얼마나 걸릴까? 그 기간에 현재 직장에서 당신의 실적을 다시 한 번 보여 줄 기회는 얼마나 될까?
- 다시 공부를 시작한다면 앞으로의 방향은 무엇인가? 학교는 정했는가? 내 마음에 쏙 드는 기회를 만날 확률은 얼마나 될까?
- 새로운 시작을 위해 나는 앞으로 몇 년을 노력해야 할까? 다시 돌아오면 지금보다 더 좋은 기회가 있을까?

아마 위 문제에 관해 깊이 고민해 볼 겨를도 없이 진급하지 못해 화가 치밀어 오르자 가장 먼저 이직 혹은 공부 등과 같은 또 다른 인생의 '선택지'를 생각해 냈겠지요. 하지만 지금보다 더 좋은 선택을 할 확률은 얼마나 될까요? 새로운 선택이 일련의 사건을 거쳐 최종적으로 얻게 될 결과는 또 어떨까요? 물론 동종 업계에 많은 회사가 있겠지만 지금의 회사와 실력을 겨룰 만한 회사는 그리 많지 않을 거예요. 어쩌면 몇 되지 않는 그 회사들 가운데 하나를 선택할 수 있지만 아직 경력이 많지 않아 지금의 대우보다 훨씬 좋으리라는 보장은 없습니다.

회사를 그만두고 다시 공부한다면 더 좋은 일자리를 찾을 수 있을까요? 경력이 단절되었던 사람이 다시 사회에 나오면 대학 졸업생과 마찬가지로 처음부터 다시 시작해야 합니다. 이러한 현상을 일컬어 '선택의 환상'이라고 합니다. 무수한 기회와 선택권이 있을 것처럼 보이지만 사실 우리는 모든 기회의 가능성을 알지 못하고 그 기회가 가진 가치들을 정확히 알 수 없습니다.

어떤 기회들은 좋아 보이지만 가능성이 작고, 어떤 기회들은 가능성은 크지만 큰 가치가 없습니다. 심지어 손해를 입히기도 합니다.

만일 당신이 무언가를 선택함으로써 생기는 기회비용과 가치를 제대로 알지 못한다면, 단언컨대 그것은 당신이 고를 수 있는 선택지가 아닙니다. 사실 모든 선택의 기회비용과 가치를 확실하게 이해하기는 쉽지 않아요. 우리가 내리는 대부분의 결정은 완전한 정보를 근거로 한 것이 아니기 때문이죠.

만약 A를 선택하면 5원을 벌 수 있고 B를 선택하면 돈을 잃는다면 우리는 당연히 A를 선택할 겁니다. 이렇듯 정보를 완전히 알고 있는 상황에서 내리는 의사결정은 그야말로 '완벽한 선택'이 됩니다. 그러나 A와 B를 선택했을 때 얼마를 벌 수 있는지에 관한 정확하고 완전한 데이터가 없는 게 우리의 현실입니다. 또 A와 B 말고는 다른 선택지에 관한 정보도 정확하지 않습니다.

불완전한 정보를 가지고 의사결정을 해야 하는 상황에서는 우리가 아무리 똑똑하고 능력이 있다고 하더라도 100% 완전한 선택을 할 수 있다는 보장은 없습니다. 제아무리 똑똑한 사람이라 할지라도, 아무리 노력한다고 할지라도 얼마든지 잘못된 결정을 할 수 있어요. 이러한 '가능성', 즉 이 실패의 확률은 정보의 불완전성에서 비롯합니다.

때로 우리는 모든 정보를 완전히 다 파악했다고 생각하지만 사실은 그렇지 않습니다. 이미 모든 선택지를 다 사용했다고 생각할 때도 있지만 현실은 그렇지 않지요.

이번에 진급의 기회를 놓친 진정한 이유를 안다고 생각하나요? 당신은 상대가 CFA 자격증을 땄기 때문이라고 생각하지만 다른 부분에서 그가 훨씬 뛰어날 수도 있습니다. 그가 덜 힘들게 일하는 이유는 업무 효율이 높아서 빠른 시간 안에 업무를 끝내기 때문일 수도 있습니다. 그 사람에 대해 파악하지 못한 정보가 너무 많은데도 당신은 그가 진급한 이유는 자격증 하나 때문이라고 결론 내렸습니다. 어쩌면 당신이 CFA 자격증을 따낸다고 해서 다음번 진급의 기회가 꼭 당신에게 돌아오리라는 보장은 없습니다. 그럼 그때는 또 뭐라고 결론을 내리겠어요?

정보의 불완전함은 차치하더라도 당신은 정말 모든 선택지를 다 생각해 낼 수 있을까요? 당신이 생각해 낸 선택지는 이직, 아니면 공부입니다. 현재 회사에 남아 있는 건 왜 선택지에 없나요? 상사를 찾아가 동료에게 진급의 기회를 준 이유를 물어보는 건 왜 선택지에 포함되어 있지 않은가요? 진급에 대한 당신의 마음을 드러내는 건 왜 선택지에서 빠져 있나요? 상사 및 동료에게 당신이 앞으로 고쳐야 할

점에 관해 조언을 얻는 건 왜 들어 있지 않나요?

어쩌면 상사는 당신을 이번에 진급시키지 못한 건 그동안 실적이 너무 뛰어나서 다음 달에 해외 본사에서 있을 우수 직원 연수에 파견하려는 계획이 있어서인지도 모릅니다.

당신이 자신의 선택지를 과대평가하는 순간 오히려 선택의 범위는 좁아집니다. 정보가 정확하지 않은 상황에서 당신은 오로지 직감과 느낌에 근거한 판단을 내릴 수밖에 없기 때문이에요.

직감은 신뢰하기 어렵습니다. 물론 우리는 그런 영역에서 천재성이 돋보이는 사람들을 여럿 보긴 했지만 찰나의 순간에 오로지 직감에 근거해 결정을 내리면 완벽하지 못한 결과를 맞이하기 쉬워요. 사실 우리는 그들이 그런 결정을 내리기 전까지 얼마나 많은, 고된 훈련을 했는지 잘 알지 못합니다. 운동선수들은 장기간의 훈련을 통해 근육이 기억하는 직감을 가졌고, 비즈니스인은 오랜 기간의 실전과 데이터 분석을 통해 상업적인 직감을 키워 냈습니다. 모두 다 본질적으로는 정보에 의거한 것으로 정보가 이끄는 무의식적 결정이라고 할 수 있습니다.

하지만 이러한 직감도 모든 일에 적용 가능한 것은 아니에요. 진상과 사실에 관한 경우, 정보의 수집과 분석, 추리가 없는 상황에서 직감적으로 결정을 내리는 건 매우 어리석은 일입니다. 성공한 사람들을 잘 관찰해 보면 운동선수든 비즈니스 리더든 결정을 내리는 과정에서 정보가 핵심 역할을 했다는 걸 알 수 있어요.

'이거 아니면 저거'라는 식의 생각도 당신에겐 도움이 되지 않아요. 진급 아니면 이직, 그중에 하나만 선택하는 것이 정말 최선일까요?

인생에는 절대적으로 맞는 일도, 틀린 일도 없습니다. 확률이 값진 이유가 여기에 있습니다. 모든 일에는 무수한 결과가 있기 마련이고 모든 결과에는 서로 다른 확률이 숨어 있어요. 절대적으로 완벽하거나 절대적으로 나쁜 결과란 없습니다. 우리가 할 수 있는 건 최대한 많은 정보를 찾아 선택지를 확보하고, 그중 상대적으로 마음에 잘 맞는 방법을 찾아내는 것입니다.

확률과 위험은
밀접하게 연결되어 있다

확률과 위험은 서로 밀접하게 연결되어 있습니다. 그래서 우리는 확률로 인한 위험 요소를 최대한 줄이려고 하며, 때로는 확률로 인해 짊어져야 하는 부정적 위험이나 대가를 피해 가려고 합니다.

보험회사는 사실 사고에 대한 사람들의 공포심을 이용해서 영업을 합니다. 그들은 '거대 표본'에 존재하는 질병의 발생률과 사람들이 지불하는 보험료 사이에서 거액의 이윤을 창출하지요. 솔직히 질병 발생의 확률과 당신이 가입하고자 하는 보험 사이에는 명확한 격차가 존재합니다. 이게 바로 보험회사가 이윤을 창출하는 근원이기도 하지요. 하지만 그들의 상술에 속아 넘어가지 않았다고 해서 위험을 잘 피해 갔다고 말할 수 있을까요?

당신이 아는 것처럼 사고나 위험은 그것이 발생할 확률과도 연관 있지만 그것이 가져올 결과와도 관련 있습니다. 다시 말해 어떤 사건이 발생할 확률이 적다고 해도 일단 그것이 발생했을 때 미치는 영향과 손실이 심각하면 여전히 위험성 높은 일입니다. 즉, 우리가 리스크를 분석할 때는 그것이 일어날 확률뿐만 아니라 손실에 관해서도 생각해 보아야 합니다.

질병을 예로 들어 볼까요. 부유한 집안이라면 아주 심각한 질병이라도 그로 인해 발생하는 의료비는 쉽게 감당할 수 있습니다. '카지노 황제' 스탠리 호는 2009년 7월 갑자기 쓰러진 후 오랫동안 의식을 회복하지 못했고 결국 뇌졸중으로 홍콩의 요양원에서 생활했지요. 세상을 떠나기 전 약 10년의 투병 생활 동안 그는 홍콩달러로 15억이라는 천문학적 의료비를 지불했습니다. 물론 그에게 이런 비용은 큰 타격이 없는 규모입니다. 하지만 우리 같은 일반 서민들에게는 그렇지 않아요. 당신 아버지가 암 진단을 받은 후 치료비로 많은 비용을 지불하면서 가족에게 부담을 주었는데, 문제는 여기서 끝이 아니라 앞으로 병원비가 더 발생할 것이라는 사실입니다.

그렇습니다. 당신은 확률만 계산했을 뿐, 그 사건이 발생함으로써 가져올 영향과 결과는 간과했어요. 그래서 위험 요소에 대한 당신의 평가와 예측은 잘못되었습니다.

보험의 가치가 바로 여기에 있습니다. 보험에 가입한다는 건 언뜻 보기엔 그 보험회사를 위해 '선량한 기부'를 하는 것 같은 느낌이 들기도 해요. 하지만 정말 사고가 일어나면 우리는 그걸 한꺼번에 충분히 감당해 낼 힘이 없습니다. 그래서 설령 일부 대가를 지불해서라도 그 걱정을 덜어 내고자 하는 것입니다.

사실 연말마다 '보험 갱신료' 안내 고지서를 받고 나면 "이번 해도 공연한 돈이 날아갔구나." 하는 생각이 들기도 합니다. 그렇지만 달리 생각해 보면 돈만 낸 게 오히려 잘된 일이 아닐까요? 그건 당신의 액운이 줄어들었다는 뜻이기도 하니까요. 게다가 매번 보험료를 내고 나면 설령 사고를 당한다고 해도 그것에 대한 충분한 준비가 되어 있으니 안심할 수 있습니다.

인생에는 무수한 확률이 존재하지만 무수한 선택도 존재합니다. 일이든 삶이든 확률을 정확히 이해하고 아름다운 일이 삶에 일어날 기회를 쟁취하기 위해 노력해야 합니다. 단기간에 일어날 확률의 변동은 '운'으로 여기고 계속해서 당신의 자리에서 할 수 있는 노력을 하며 올바른 결정을 하길 바랍니다. 그럼 시간은 당신에게 아름다운 꽃다발과 박수를 선물할 거예요.

12장

게임 이론을 알면 당신도 강자가 될 수 있다

약육강식 세상에서
어떻게 살아남아야 할까?

약자의 무기가 되는 게임 이론

회사에서 인사팀 팀장을 맡고 있는데 최근에 제가 겪은 일입니다.

몇 년 전, 회사에서 대학 졸업생들을 대상으로 리크루팅을 진행했어요. 그중 K는 특별히 면접에서 위풍당당한 모습을 보여 주어 면접관들에게 좋은 점수를 받았지요. 하지만 입사 후 얼마 되지 않아 그는 눈에 띄게 달라졌어요. 예전과는 달리 소극적이고 위축된 모습이었죠. 저와 면담을 하면서 K는 제게 힘든 심경을 털어놓더군요.

"잘 모르겠어요. 요즘 인생에 두들겨 맞은 느낌이에요. 일을 시작하고 인생이 제가 생각했던 것과는 완전히 다르다는 느낌을 받았어요. 대학 시절에는 그래도 나름 똑똑하다고 생각했거든요. 각종 대회나 경연에 나가면 항상 상을 받았어요. 그런데 이 회사에 입사해 보니 죄다 명문대 출신에 경력이나 학력이 너무 화려하더라고요. 같이 입사한 동료들도 하나같이 다 똑똑하고 일 처리도 완벽해요. 저도 뭔가 아이디어를 내고 싶어 입을 열면 언제나 거절당해요. 밥도 안 먹고 잠도 줄여 가며 써낸 보고서는 늘 퇴짜를 맞아요. 이제 입사 두 달째인데 제게 얼마나 많은 단점이 있는지 뼈저리게 느끼고 있어요. 주변 사람들은 다 승승장구하는데 저만 '루저'가 된 기분이에요. 요즘은 매일 '이 약육강식의 세계에서 나 같은 '루저'가 과연 살아남을 수 있을까?' 하는 의구심이 들어요. 뭘 어떻게 해야 견뎌 낼 수 있을지 모르겠어요."

골리앗을 이긴 다윗의 비밀, 게임 이론

사실 K만 그렇게 생각하는 건 아닙니다. 세상에는 그가 생각하는 것처럼 강한 사람이 많지 않습니다. 그들 역시 마찬가지로 힘들게 노력하며 살아갑니다. 물론 K의 심정을 충분히 이해합니다. 낯선 환경과 사물에 적응하고 새로운 논리와 사고방식에 적응하려면 시간이 필요하겠지요. 처음에는 충격이 있기 마련입니다. '나는 부족하고 자원은 한정적인데, 주변 사람은 너무 잘났다'는 식의 사고방식에 빠질 수 있어요. 심지어 '나는 열심히 하려고 하는데 주변에서 방해한다'는 생각이 들기도 합니다.

그런데 이건 전형적인 '약육강식'의 사고방식입니다. 먼저 새로운 환경에 처하면 우리는 아무것도 못하는 사람이 아니라 무엇이든 배울 수 있고 할 수 있는 무한한 잠재력을 지닌 존재입니다. 또 지금은 주변 사람들보다 다소 뒤떨어지지만, 아직 딱 맞는 '출구'를 찾지 못한 것일 수 있습니다.

생각을 조금만 바꾸면 이 세상은 승자만 독식하고, 약자는 아무것도 손에 쥐지 못하는 곳이 아니라는 것을 깨달을 수 있습니다.

'전기새마田忌賽馬'라는 사자성어가 있습니다. 손빈이 제나라의 식객으로 있을 무렵 제나라에서 유행하는 경마 경기를 보던 중에 있었던 일입니다. 제왕과 제의 장수 전기의 시합에서 번번이 전기가 패하자, 손빈이 전기에게 필승의 전략을 알려 줍니다.

"당신이 이길 수 있는 방법이 제게 있습니다. 당신은 하품의 말로 제왕의 상품 말을 상대하고, 다시 당신의 상품의 말로 그의 중품의 말을 상대하고, 마지막으로 당신의 중품의 말로 그의 하품의 말을 상대하면 간단하지 않습니까? 그렇게 하면 언제든지 2대 1로 승리를 하게 되실 것입니다."

이것이 바로 전형적인 게임 이론Game Theory 입니다.

생존 확률을 높이는
전략이 있다

초기 게임 이론의 연구 대상은 체스나 포커 게임 등의 승패에 관한 문제였습니다. 하지만 사람들은 경험에 근거해 게임을 분석하려고만 했을 뿐, 그것을 이론화할 생각은 하지 못했지요.

이후 1928년 원자탄을 연구한 과학자이자 '컴퓨터의 아버지', '게임 이론의 아버지'라 불리는 존 폰 노이만John von Neumann이 게임 이론의 기본 원리를 증명해 내면서 정식 이론으로 탄생했습니다.

1944년 폰 노이만과 오스카르 모르겐슈타인Oskar Morgenstern이 쓴 『게임 이론과 경제 행동Theory of Game and Economic Behavior』에서 '2인 게임'을 'N인 게임'의 구조로 확장하고 게임 이론의 체계를 경제 영역에 적용하면서 이 학문의 기초와 이론적 체계가 본격적으로 형성되었습니다.

1994년 노벨경제학상을 수상한 3명의 게임 이론 전문가를 시작으로 2020년까지 총 7번 노벨경제학상이 게임 이론 연구와 관련된 것을 참고하면 게임 이론이 경제학에서 얼마나 중요한 위치를 차지하는지 알 수 있습니다.

앞서 이야기했던 '전기새마'는 '다윗이 골리앗을 이긴' 전형적인 에피소드입니다. 하지만 전기가 승리를 거둔 핵심은 상대의 패를 정확히 알고 거기에 대응한 것입니다. 다시 말해 상대의 전략을 모르면 이기기 어려운 게임이라는 거죠. 이는 정보 우위를 선점한 상황에서 특별한 노력 없이 이길 수 있는 승리입니다.

그런데 상대의 전략을 모르는 상황에서 내가 먼저 패를 내야 할 때는 어떻게 해야 할까요? 다음은 게임 이론과 관련된 유명한 일화입니다.

미국 서부의 한 작은 마을에서 사이 좋게 지내던 총잡이 친구 셋이 있었다. 갑자기 이들이 불화하여 지독한 원수 사이가 되었다. 어느 날, 이 3명이 길을 가다가 우연히 같은 곳에서 마주쳤다. 3명의 손에는 각각 총이 들려 있었다. 극도의 긴장감이 감돌았다. 생사를 가르는 결전이 곧 펼쳐지리라는 걸 모두 알았기 때문이다.

세 총잡이는 서로의 사격 실력을 너무 잘 알고 있었다. 첫 번째 사수는 열 발을 쏘면 여덟, 아홉 발은 명중시키는 명사수였다. 두 번째 사수도 마찬가지였다. 열 발 중에 여섯 발은 명중이었다. 그중 세 번째 사수가 나머지 둘에 비해 사격 실력이 다소 떨어졌다. 열 발 중에 네 발을 명중시키는 수준이었다. 첫 번째와 두 번째 사수는 가장 실력 없는 세 번째 사수가 먼저 총을 쏘게 했다.

그렇다면 가장 '약자'인 세 번째 사수는 누구에게 먼저 총구를 겨누었을까?

세 번째 사수가 누구에게 먼저 총구를 겨누든 간에 상대방을 사살하면, 그다음 순서의 사람은 반드시 그를 사격할 것입니다. 그런데 만약 상대방을 죽이지 못했다면, 첫 번째 사수와 두 번째 사수는 두 번째 게임에서 서로를 겨누게 될 것입니다. 왜냐하면 그들이 세 번째 사수를 겨냥하면 세 번째 게임에서 상대방의 총구가 자신을 향할 것이기 뻔하기 때문입니다.

여러 옵션이 주어진 상황에서 세 번째 사수는 과연 어떤 선택을 할까요? 누구를 사격하든, 일단 1번 타자로 나선 세 번째 사수가 상대를 정확히 맞춘다면 상황은 각각 어떻게 될까요?

먼저 첫 번째 사수를 명중시킬 경우, 다음 순서에서 두 번째 사수는 반드시 세 번째 사수를 사격할 겁니다. 죽을 확률은 60%, 살게 될 확률은 40%입니다.

그런데 만일 세 번째 사수가 두 번째 사수를 저격한다면 첫 번째 사수가 다음 게임에서 세 번째 사수를 향해 총을 겨눌 겁니다. 그가 죽을 확률은 80%, 살게 될 확률은 20%입니다.

그렇다면 첫 번째 게임에서 세 번째 사수는 사격에 성공했을까요, 실패했을까요? 세 번째 사수가 실패할 가능성은 60%입니다. 만약 실패했다면 두 번째 게임에서 두 번째 사수와 첫 번째 사수가 서로 자신이 피격당할 위험을 낮추기 위해 서로에게 총구를 겨눌 겁니다. 그럼 세 번째 사수가 피격당할 확률은 '0'이라는 걸 알 수 있습니다. 다시 말해 세 번째 사수가 첫 번째 게임에서 상대방 저격에 성공하면, 두 번째 게임에서의 생존율은 각각 40%와 20%가 되겠지만, 만일 첫 번째 게임에서 실패하면 두 번째 게임에서의 생존율은 100%가 됩니다.

그렇다면 세 번째 사수는 첫 번째 순서에서 어떻게 해야 사격에 실패할까요? 간단해요. 하늘을 향해 쏘면 됩니다.

결과는 이렇게 신기합니다. 가장 약한 세 번째 사수에게는 우선권이 있습니다. 그런데 최고의 선택은 본인에게 주어진 저격의 기회를 포기하는 것입니다. 이로써 첫 번째 사수와 두 번째 사수가 서로를 죽이게 하는 것입니다. 사격술이 가장 떨어지는 세 번째 사수가 오히려 생존율이 가장 높은 사람이 되었습니다.

그런데 세 번째 사수가 우선권을 얻지 않았다면 어떻게 될까요? 만일 세 사람이 동시에 총을 겨눈다면 세 번째가 살아남을 확률은 얼마나 될까요? 각자에게 가장 좋은 방법이 무엇인지 살펴봅시다.

첫 번째 사수에게는 두 번째 사수가 세 번째보다 위협적입니다. 그럼 제일 먼저 두 번째 사수를 처리해야겠지요. 두 번째 사수에게는 첫 번째 사수가 세 번째 사수보다 위협적입니다. 일단 그를 처리하면 세 번째 사수와의 결승에서 이길 확률이 높습니다. 세 번째 사수에게는 첫 번째 사수가 조금 더 위협적입니다. 어떻게든 첫 번째 사수를 먼저 처리하고, 그다음 두 번째 사수를 생각하는 것이 좋습니다.

그렇다면 각자의 생존율은 얼마나 될까요?

첫 번째 사수는 두 번째 사수와 세 번째 사수를 모두 처리해야 생존할 수 있습니다. 두 사람이 저격에 실패할 확률은 '40% × 60% = 24%'입니다. 이것이 첫 번째 사수가 생존할 확률입니다.

두 번째 사수는 첫 번째 사수를 처리해야 생존할 수 있습니다. 첫 번째 사수가 저격에 실패할 확률은 20%이므로, 이것이 곧 두 번째 사수의 생존율이 됩니다.

세 번째 사수는 첫 번째 게임에서 그에게 총을 겨누는 사람이 없으므로 100%의 생존율을 가지고 있습니다.

놀랍게도 첫 번째 게임에서는 사격술이 가장 떨어지는 세 번째 사수가 생존할 확률이 절대적으로 높습니다.

첫 번째 게임이 끝나고 두 번째 게임이 시작되었습니다. 이제 첫 번째 사수가 세 번째 사수에게 총을 겨눌 수도 있고, 두 번째 사수에게 겨눌 수도 있습니다. 심지어 첫 번째 사수와 두 번째 사수가 동시에 겨눌 수도 있고, 아니면 첫 번째 사수와 두 번째 사수가 모두 죽었을 수도 있습니다.

첫 번째 사수와 두 번째 사수 모두 살아 있을 경우 확률은 '24% × 20% = 4.8%'입니다. 그럼 다시 첫 번째 총격전으로 돌아와 볼게요.

첫 번째 사수와 두 번째 사수 모두 죽었을 확률은 '(1-24%) × (1-20%) = 60.8%'입니다. 그럼 총격전이 끝난 뒤에도 세 번째 사수는 살아남습니다.

첫 번째 사수와 두 번째 사수 중에 한 명만 죽는다면, 각각 사망할 확률은 첫 번째 사수가 '20% × (1-24%) = 15.2%, 두 번째 사수가 '24% × (1-20%) = 19.2%'입니다. 이렇게 되면 세 번째 사수에게 불리합니다. 살아남을 확률이 줄어듭니다.

그러면 두 번째 총격전이 끝난 뒤에는 누구의 생존 확률이 가장 높을까요?

- 첫 번째 사수의 생존 확률: (19.2% × 60%) + (4.8% × 24%) = 12.7%
- 두 번째 사수의 생존 확률: (15.2% × 60%) + (4.8% × 20%) = 10.1%
- 세 번째 사수의 생존 확률: (19.2% × 20%) + (15.2% × 40%) + (4.8% × 100%) + (60.8% × 100%) = 75.5%

이로써 우리는 세 번째 사수의 생존 확률이 75.5%에 이른다는 결론을 얻을 수 있습니다. 첫 번째 사수와 두 번째 사수의 생존 확률은 각각 12.7%와 10.1%밖에 되지 않습니다. 세 번째 사수의 생존 확률은 두 번째 사수와 첫 번째 사수에 비해 현저히 높습니다. "역사는 영웅이 만들고, 자손은 평범한 사람이 만든다."라는 말이 생각나는 대목입니다.

우리는 세 총잡이의 예화를 통해 약자가 세상에서 살아남지 못한다는 법은 없다는 걸 알 수 있습니다. 전략만 잘 짜면 오히려 생존 확률이 가장 높은 사람이 됩니다. 처세만 잘해도 직장에서 얼마든지 살아남을 수 있다는 말입니다.

약자가
강자를 이기는 방법

단순히 살아남는 수준이 아니라 약자도 강자를 이기는 방법이 있을까요? 미국 캘리포니아 대학 로스앤젤레스 캠퍼스의 정치학과 교수 마이클 최는 『게임 이론가, 제인 오스틴 Jane Austen, Game Theorist』이라는 책에서 다음과 같이 설명했습니다. "게임 이론은 냉전 전략을 해석할 때도 사용할 수 있지만, 사회의 약자들에게는 가장 원시적인 무기로 사용되기도 한다."

그의 말대로 게임 이론이 약자들의 무기라면, 어떻게 이 무기를 사용해 전세를 역전할 수 있을까요?

게임 이론과 관련한 또 다른 유명한 예화를 들어 볼게요. '똑똑한 돼지' 이론입니다.

돼지우리 안에 돼지 두 마리가 있었다. 하나는 몸집이 크고 하나는 작은 돼지였다. 우리 안에는 기다란 발판 하나가 있었는데, 밟을 때마다 반대쪽에 있는 돼지 먹이통에 사료가 조금씩 떨어졌다. 한 마리가 발판을 밟으면 그사이에 다른 한 마리는 먹이통에 부어 준 사료를 먼저 먹을 수 있었다. 그런데 작은 돼지가 발판을 밟으면 큰 돼지는 작은 돼지가 먹이통으로 오기 전에 이미 사료를 전부 먹어 치웠고, 큰 돼지가 발판을 밟으면 작은 돼지는 자기 쪽에 떨어진 사료를 먹었다. 그사이에 큰 돼지는 냉큼 먹이통으로 달려가 나머지 사료를 먹었다.

문제: 두 돼지가 각각 취한 전략은 무엇인가?
정답: 작은 돼지는 먹이통 주변에서만 편안하게 밥을 먹었다. 큰 돼지는 조금이라도 더 먹기 위해 발판과 먹이통 사이를 미친 듯이 왔다 갔다 했다.

무슨 의미일까요? 작은 돼지는 아무리 발판을 밟아도 얻는 게 없었습니다. 하지만 발판을 밟지 않으면 두 가지 가능성이 있었습니다. 먼저 큰 돼지가 발판을 밟으면 자기 쪽에 떨어진 사료를 앉은 자리에서 편안하게 먹을 수 있었습니다. 만약 큰 돼지가 밟지 않으면 둘은 같이 굶어 죽어야 했습니다. 그럼 발판을 밟을 때나 아닐 때나 결과는 매한가지로 먹이통에 있는 먹이를 먹을 수 없어 결국에는 굶어 죽겠지만 그래도 최소한 체력을 아껴 큰 돼지보다는 하루 이틀 더 살 수 있었습니다. 그래서 작은 돼지에게는 발판을 밟지 않는 게 밟는 것보다 상대적으로 더 유리한 전략이었습니다.

큰 돼지의 경우 자기가 발판을 밟지 않고 작은 돼지가 밟기를 기다리는 게 더 현명한 전략임은 분명했습니다. 하지만 지금 분석을 통해 알아봤듯, 작은 돼지가 발판을 밟을 가능성이 거의 없다는 것이 분명했기 때문에 마냥 기다리기만 할 수는 없었습니다. 큰 돼지에게는 2개의 선택을 했을 때 나타나는 결과가 명확했습니다. 발판을 밟지 않으면 자기가 굶어 죽고, 발판을 밟으면 작은 돼지가 먹이통에 부어진 사료를 먹긴 할 테지만 그래도 나머지 사료를 먹을 수 있기 때문에 굶어죽는 건 피할 수 있습니다.

그러니 큰 돼지에게 최고의 전략은 작은 돼지에게 조금 득이 되더라도 본인이 직접 나서서 발판을 밟는 것입니다. 이로써 작은 이익(떨어진 사료)이라도 취하고 보는 것이죠.

경제학에서는 이러한 현상을 일컬어 '무임승차^{Free-rider}'라고 합니다.

무임승차 현상은 비용을 지불하지 않고 타인의 이익을 향유하는 것을 의미합니다. 이 현상이 나타나는 이유는 모종의 사건이나 현상이 외적 효과를 만들어 내기 때문입니다. 소위 외적 효과라는 것은 경제 주체(생산자 혹은 개인)의 경제 활동이 타인과 사회에 미치는 비시장화의 영향을 가리킵니다. 이는 긍정적 효과와 부정적 효과로 나눌 수 있습니다.

긍정적 효과는 개체의 경제행위로 타인 혹은 사회가 이익을 얻지만, 이익의 수혜자는 그 대가를 지불할 필요가 없습니다. 예를 들어 누군가 자기 집 마당에서 불꽃놀이를 하면 본인도 즐겁고 주변 사람들에게도 불꽃놀이를 구경하는 즐거움을 줍니다. 하지만 이걸 구경하는 주변 사람들이 따로 비용을 지불하지는 않습니다. 이것이 바로 긍정적인 외적 효과에 해당합니다. 주변 사람들은 불꽃놀이라는 '차'에 비용을 지불하지 않고 '무임'으로 승차한 것입니다.

반면 부정적 효과는 개체의 경제행위가 타인 혹은 사회의 이익을 제한하지만 피해를 준 당사자는 이에 대해 어떠한 비용도 부담하지 않습니다. 예를 들어 모 공장이 제품을 생산한 뒤에 주변 하천에 오수를 방류하면 하천을 오염시키고 주변 지역 거주민들의 건강을 해칩니다. 그러나 주변 사람들은 해당 공장과 경제적인 왕래가 없으며 공장 역시 그들에게 경제적인 보상을 실시하지 않습니다. 이러한 현상을 일컬어 부정적인 외적 효과라고 합니다.

경쟁 속에서 약자(작은 돼지)의 경우 강자와 직접 경쟁해서 승리를 얻기란 쉽지 않습니다. 그래서 정면승부를 하는 것보다는 자신의 위치를 잘 파악한 뒤 인내심을 가지고 기다려야 합니다. 전략을 잘 세워 놓았다가 적당한 시기를 포착해 '무임승차'해야 본인에게 유리하게 형세를 이끌어 갈 수 있습니다.

시장 경제에서 '무임승차'와 관련한 예는 수없이 찾아볼 수 있습니다. 몇 년 전에 유행했던 일종의 비즈니스 부동산 개발 전략도 이에 해당합니다. 먼저 외곽지역에 저렴한 가격으로 부지를 매입한 뒤, 관광문화단지나 아울렛 등 대형 쇼핑몰을 건설합니다. 대량의 자본을 투자해 각종 이벤트와 홍보를 진행해서 인기를 끌어모은 뒤 상권이 형성되면 주변에 부동산을 개발하고 집값을 올리는 방식입니다.

아무도 관심 없던 외곽에 상권이 형성되고 각종 상가가 들어오기 시작하더니 식당, 카페들이 잇따라 들어왔습니다. 주변에는 아파트를 비롯해 각종 건물이 세위졌습니다. 중개업체들이 많은 돈을 투자해 해당 지역이 인기를 끌자 '후발 주자'들은 무상으로 그 기회를 향유하게 되었습니다.

'후발 주자'는 초기에는 무임승차 전략을 쓰다가 시간이 지나면 강자와의 차별화를 시도할 수 있습니다. 차별화 전략이 잘 들어맞으면 강자와의 정면승부를 시도해 볼 수도 있지요. 알리바바가 중국 소비자들의 온라인 쇼핑 습관을 파악한 뒤 이를 바탕으로 이커머스의 대표 주자로 떠올랐을 때 징둥닷컴이 걸음마를 떼기 시작했습니다. 하지만 징둥닷컴은 온라인의 빠른 발전세를 타고 알리바바의 오픈마켓인 타오바오와는 다른 차별화 전략을 선택했습니다.

타오바오는 일종의 판매 플랫폼으로써 판매자를 끌어들이기 위해 주력한 반면, 징둥닷컴은 직영 시스템을 채택해 제품의 품질 보장에 힘썼습니다. 초기에는 가전처럼 비교적 품질이 중요한 제품을 온라인에서 구매할 때 소비자들이 주로 징둥닷컴을 찾아갔습니다. 하지만 이후 징둥닷컴은 자체적인 물류 시스템을 구축해 소비자의 구매 체험을 강화했습니다. 비록 징둥닷컴의 전체 매출 규모는 타오바오의 T-mall에 미치지 못하지만, 현재는 중국의 대표적인 전자상거래 업체 중 하나로 자리 잡았습니다.

비즈니스에서 약자가 강자를 이길 수 있듯이 개인도 마찬가지입니다. 강자가 즐비한 사회에서 언제나 약자가 '무고한 희생양'이 되는 건 아닙니다. 마음을 다잡고 자신의 위치를 잘 파악해 노력하면 얼마든지 선두에 설 수 있고 '승자독식'의 태세를 전환할 수 있습니다.

사실 명문대학을 졸업한 동기들도 당신처럼 처음 사회에 발을 디딘 초년생이라는 건 똑같습니다. 다만 시간이 흐르면서 서로 조금씩 다른 궤도로 나아가는 것뿐이지요.

처음의 변화는 눈에 잘 띄지 않습니다. 아무리 노력하고 분발해도 다른 사람보다 딱히 나은 보상이 주어지지도 않으며 오히려 무시당하기도 합니다. 하지만 변화에 빨리 대응하는 사람들은 잔혹한 환경에도 잘 적응하고 마치 인생의 지름길을 찾기라도 한 것처럼 다른 이들보다 훨씬 앞서서 좋은 조건과 보상을 누리며 살아갑니다.

하지만 인생은 공평합니다. 조금 먼저 수확한 과실을 맛본 사람들은 사는 게 참 쉽다고 오해하게 됩니다. 본인이 이미 신기한 비밀을 풀어냈다고 생각하는 거죠. 그래서 본인의 능력을 과도하게 평가하고 인생을 자기 뜻대로 끌고 나갈 수 있다고 믿어 버립니다. 이런 오해로 그들은 자신감이 지나쳐서 본인의 능력과 판단을 과도하게 신뢰하게 됩니다. 하지만 하루아침에 산봉우리에 오르는 사람은 없습니다. 그것은 단지 눈에 보이는 빙산의 일각에 불과합니다.

진정한 인생은 빙산의 아랫부분처럼 냉혹하고 방대하며 잘 만져지지 않습니다. 오랫동안 혹독한 추위를 견뎌 내야 하고 어려움 앞에서도 포기하지 않고 현실에 굴복하지 않아야 합니다. 그래야 그중 일부를 조금이라도 만져 볼 수 있습니다.

시간은 공평합니다. 30·40대에 동기들보다 조금 더 일찍 성공을 거둔 사람들은 주목받기 쉽습니다. 그런데 처음부터 실패 없이 물 만난 고기처럼 인생의 꽃을 활짝 피우는 사람들은 인생에 대한 경험과 지식, 어려움을 극복해 내는 능력이 부족해서 자꾸만 과거의 영광에 머무르려고만 합니다. 그래서 나이가 들수록 예전과 같은 성공과 보상은 누리지 못합니다. 결국 명예와 성과는 조금씩 후발 주자들에게 넘어가고 무섭게 치고 올라오는 그들을 보며 두려움에 떨게 됩니다.

인생이라는 길은 걸음을 떼기 시작하는 그 순간부터 달라집니다. 누군가의 길은 밝게 빛나지만 누군가의 길에는 어둡고 깜깜한 터널이 계속됩니다. 누군가는 걸어가길 포기한 채 우두커니 그 자리에 서 있습니다. 이 여정이 어디서부터 시작되는 걸까요? 바로 대학을 졸업하고 사회에 나오는 순간부터 시작됩니다. 당신이 인생을 어떻게 바라보느냐에 따라 인생은 다르게 펼쳐집니다. 다만 인생이라는 녀석의 반응은 당신의 생각보다 조금 더디게 나타날 뿐입니다.

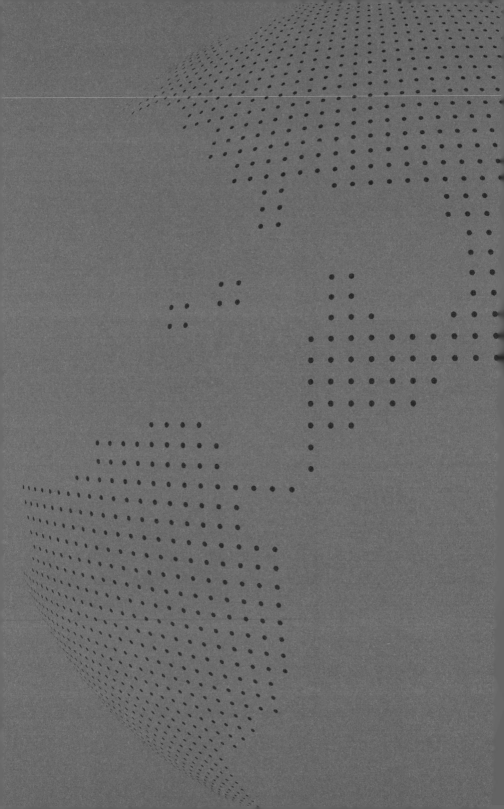

PART 3

복잡 미묘한 사랑 설명하기

13장

세상을 인지하는 수단인가, 장애물인가
'닻 내림'을 가볍게 생각하지 마라

첫사랑보다 더 나은 사람을
만나지 못하는 이유

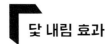 닻 내림 효과

선생님 전문 분야는 아니지만, 연애 상담 좀 부탁드려도 될까요? 제가

보기엔 그래도 저는 꽤 귀엽고 다정한 편이에요. 집안 환경도 나쁘지 않

고요. 어릴 때부터 지금까지 큰 고생 없이 자랐어요.

부모님은 제 교육에 힘을 많이 써주셨어요. 필요한 게 있으면 언제든지

지원을 아끼지 않으셨죠. 그런데 딱 하나, 이성 친구를 못 만나게 하셨어

요. "자고로 남자는 다 늑대"라고 하시면서 조심, 또 조심해야 한다고 늘

당부하셨죠.

그래서 저는 대학교를 졸업하고 나서야 첫 연애를 시작했어요. 상대는

직장에서 만났어요. 명문대학 출신에 똑똑하고 다정한 사람이었죠. 해외

유학 경험도 있어서 여행 다녀본 곳도 많았어요. 한 번도 집을 떠나본 적

없는, 뚜렷한 인생의 주관이 없던 제게 그는 정말로 매력적인 사람이었어요.

그는 본인이 유학했던 나라의 풍습과 특색, 문화에 관한 이야기를 자주 들려주었고 인생에 관한 본인의 생각과 마인드를 잘 얘기해 주었어요. 그는 모든 일을 알아서 깔끔하게 처리하는 스타일이었죠. 저는 정말 그에게 깊이 빠졌어요. 그 사람도 평생 저의 그 순수함을 지켜 주고 싶다고 했어요. 6개월 정도 교제하고 우리는 부모님께 인사를 드리러 갔어요. 부모님도 무척 마음에 들어 하셨어요. 다만 결혼 후 부모님 곁에 살았으면 하셨어요. 그런데 그 사람은 대도시로 가고 싶어 했어요. 오로지 본인 능력으로 성공하고 싶다고 했어요.

참 난감했어요. 그렇게 몇 번의 다툼 끝에 우리는 결국 헤어졌어요. 이별 후 한 번도 연락해 본 적 없어요. 이후로 소개팅도 몇 번 해 보고 새로운 사람을 만나도 봤지만, 그 사람처럼 제 마음을 사로잡는 사람을 보지 못했어요. 그래서 몇 번 만나고 헤어지기를 반복했죠. 아직도 저는 그 사람을 놓아주지 못하고 있어요. 연애할 때마다 저도 모르게 상대를 그 사람과 비교해요. 그러고는 생각하죠. '역시 그 사람만 한 남자가 없구나.' 저는 어떻게 해야 할까요?

사람의 인지 과정에는
'참고 기준'이 필요하다

연애 상담은 제 전공 분야가 아니지만, 인생은 언제나 서로 통하는 법이지요. 경제학이 인생을 연구하는 학문이고요. 사실 당신의 고민과 비슷한 문제가 경제학에도 존재합니다. 바로 '닻 내림 효과Anchoring Effect'입니다.

인플레이션이 일어날 때 자기가 가진 자산이 축소되는 걸 막으려면 시장에서 자산을 '정박'시킬 수 있는 하나의 '닻'을 찾아야 합니다. '닻'은 투자를 포함해 경제학에서 자주 사용되는 개념입니다. '닻 내림 효과'는 의식 또는 무의식적으로 처음 입력된 정보가 이후의 의사결정과 판단에 지속적으로 영향을 주는 효과를 뜻합니다.

점심 식사를 위해 식당에 간 당신. 메뉴판 첫 페이지에 나온 요리 가격이 20만 원 정도여서 이내 그 식당을 '고급 식당'으로 분류한다. 이어서 다음 페이지를 펼쳤더니 생선 요리가 6만 원이다. 그러면 당신은 바로 그 메뉴를 주문한다. 상대적으로 저렴하다는 생각에서다.

텔레비전을 구매하기 위해 매장에 간 당신. 매장 입구에는 최신형 8K QLED TV가 놓여 있다. 가격은 400만 원이고 현재 할인은 없다. 이제 당신은 생각한다. '요즘 텔레비전은 400만 원 정도 하는구나.' 매장 안으로 조금 더 들어가 봤더니 원래 360만 원에 판매되던 제품이 300만 원에 할인 행사 중이다. 당장 그 제품을 사야겠다고 결심한다.

TV 평균 가격이 정말 그렇게 비쌀까요? 원래 300만 원짜리 제품을 살 생각이 있었나요? 상대적으로 저렴하다는 착각이 드는 이유는 마음속에 '400만 원'이라는 초깃값, 즉 '닻'이 내려졌기 때문입니다.

이는 닻 내림 효과를 제품 판매에 적용한 전형적인 예에 해당합니다. 이러한 마케팅 방법은 일찍이 1990년대에 매우 활발하게 활용되었습니다. 매장 입구에 판매용이 아닌 '닻 내림'용으로 최신형 고가의 제품을 전시한 것이죠.

'닻 내림' 현상은 왜 일어나는 걸까요? 사람은 무언가 새로운 사물을 인지하거나 어떤 결정을 내릴 때 이미 가지고 있는 정보를 활용합니다. 그래서 기존에 알고 있는 정보를 하나의 기준으로 삼아 그것의 영향을 받습니다. 그런데 이러한 과정은 무의식중에 일어납니다. 심지어 이후에 일어날 실제 결과와 과학적 증거를 설명해 줘도 개인은 정보의 영향을 받았다는 사실을 인정하지 않습니다.

'닻 내림'은 사람의 인지 과정에 어떤 작용을 할까요?

1. 참고물의 역할을 합니다

사람은 낯선 사물을 받아들일 때 그것을 조금 더 빨리 인지하기 위해서 본인에게 익숙한 사물을 참고합니다. 설령 그것이 새로운 사물과 아무런 연관이 없는 것일지라도 일단 참고 기준으로 삼아 새로운 사물을 추측하고 측량하는 것이죠. 더 합리적인 참고 기준이 생기면 조정하기도 하는데 이것이 '새로운 닻'에 해당합니다. 전체적인 과정은 깊이 사고하거나 생각해서 이뤄지는 게 아니라, 무의식에서 본능적으로 일어납니다.

예를 들어 볼게요. 혹시 해당나무의 과실인 '해당과'를 먹어 본 적 있나요? 누군가 당신에게 그 과일을 소개할 때 백과사전에 나온 정보를 기계처럼 읊어 댄다면 어떨까요?

"해당목, 장미과에 속하는 낙엽관목. 학명은 Rosa rugosa THUNB이다. 높이는 1.5m에 달하고, 줄기에 가시·자모刺毛 및 융모絨毛가 있으며 가시에도 융모가 있다. 잎은 어긋나며 홀수 깃모양겹잎으로 5~7개의 소엽이 있다. 작은 잎은 두껍고 타원 모양 또는 타원상 거꿀달걀 모양이며, 길이는 2~5㎝로 표면은 주름살이 많고 윤채가 있으며 털이 없고, 이면은 맥이 튀어나오고 잔털이 밀생하며 선점腺點이 있고 톱니가 있다. 과피는 진홍색을 띠며 과육은 황백색을 띤다. 과향이 진하며 달고 신맛이 난다."

어떤가요? 이해가 잘 되나요? 아닌 것 같습니다. 그렇다면 이번에는 다른 식으로 얘기해 볼게요.

"해당과는 해당목의 열매입니다. 겉은 부사처럼 새빨간 색이고 안의 과육은 아이보리 색에 가깝습니다. 사과처럼 둥그스름한 모양을 하고 있지만 크기는 사과보다 훨씬 작습니다. 시고 단맛이 특징이며 아삭한 식감이 사과와 매우 비슷합니다."

자, 이제 당신 머릿속에 '해당과는 사과의 축소 버전'이라는 인지가 생겼습니다. 사과를 참고물로 삼아 해당과라는 새로운 사물을 인지하고 새로운 기준을 정립한 것입니다.

2. 구간을 조율하는 역할을 합니다

각종 예를 들어 기존 정보와 새로운 정보 사이의 구간을 조율하고 이로써 둘을 명확히 구분해 냅니다. 새로운 정보를 정확히 인지한 후에는 '닻'이 더는 필요 없습니다. 새로운 인식의 기준이 생겼기 때문입니다.

예를 들어 볼게요. 담배가 몸에 해롭다는 사실은 누구나 알고 있습니다. 담배의 유해 성분에는 주로 타르, 니코틴 등이 해당합니다. 만일 전자담배가 연초 담배보다 인체에 덜 해롭다는 사실을 누군가에게 설명하고 싶다면, 각종 사례를 통해 전자담배와 연초 담배의 차이를 이야기해야 합니다. 특히 전자담배에는 니코틴이나 타르 등의 유해 물질이 포함되어 있는지, 아니면 전자담배에도 유해 물질이 포함되어 있지만 연초 담배에 비하면 함량이 매우 낮다든지 하는 것들을 구체적인 사례를 통해 설명해야 하죠.

만일 '닻'을 통해 둘을 명확히 구분해 내지 못하면 전자담배에 연초담배와 똑같은 기준을 적용하게 되므로 둘 사이의 차이를 구분할 수 없습니다.

닻 내림 효과는
어디에나 있다

'닻 내림 효과'는 사랑에도 동일하게 적용됩니다. 첫사랑의 기억이 아름다웠던 여성이라면 결혼을 늦게 할 확률이 높습니다. 남성에 대한 모든 판단의 기준이 첫사랑에서 비롯되어 다른 남성을 볼 때 '닻 내림'의 작용을 하기 때문입니다.

많은 여성이 2호, 3호 남성을 1호 남성과 비교하다가 상심에 빠집니다. 1호보다 낮다는 판단이 서지 않으면 후회합니다. "그래도 1호는 90점이었어. 그런데 내가 85점, 80점짜리 2호 3호랑 뭐 하러 만나."

새로운 '닻'이 나타나지 않는 이상, 이 여성은 초기에 설정한 '닻'을 기준으로 계속 남성을 골라낼 겁니다. '닻'이 참고물의 역할을 하는 것이죠. 물론 조율의 역할도 똑같이 존재합니다. 연애하다가 상처를 받은 경우, 비슷한 부류의 남성은 모두 '블랙리스트'에 저장합니다. 상대의 어떤 특징 때문에 상처를 받으면 그와 비슷한 양상을 보이는 모든 남성을 전부 같은 카테고리로 분류하는 거죠. 그 특징과 명확하게 구분되는 사람, 혹은 완전히 반대 유형의 이성이 나타나야만 그녀 눈에 들 수 있습니다.

'닻 내림 효과'는 연애 과정에 꼭 나타나는 현상입니다. 모든 사람은 '닻 내림 효과'를 거쳐 감정과 사랑을 인지하고, 자신이 원하는 유형의 이성상을 이해하며, 나아가 자아를 인지합니다.

그런데 '닻 내림 효과'가 때로는 부정적인 작용을 하기도 합니다. 앞선 사연에서 말한 것처럼, 첫사랑의 닻 때문에 나중에 만나는 이성에 대한 요구치가 높습니다. 당신은 첫사랑에 내린 '닻'을 새로운 사랑과의 간격을 조율하는 '조율용'으로 사용해야 하는데, '참고용'으로 잘못 사용하고 있습니다.

사람은 본인이 생각하는 최고치가 있으면 그보다 낮은 것은 거들 떠보지도 않는 특성이 있습니다. 이 역시 '닻 내림 효과'가 작용했기 때문입니다.

투자를 예로 들어 볼게요. '닻 내림 효과'는 투자에서 성패를 가르는 핵심입니다. 만약 한 주에 10만 원짜리 주식을 샀다고 합시다. 자연스럽게 해당 주식의 가치를 10만 원으로 인식합니다. 11만 원으로 오르면 바로 팔고 싶은 생각이 듭니다. 이미 본래의 가치보다 올랐다고 생각하니까요. 하지만 사실 주가가 많이 떨어졌을 때 구입한 것일 뿐, 원래는 20만 원이 넘던 주식입니다. 그러니 계속 보유하는 게 좋습니다.

하지만 이건 문제가 아닙니다. 문제는 가장 최고가인 40만 원을 기록했을 때 구매했는데 지금 36만 원까지 떨어졌다면 어떡할까요? 게다가 지금에 와서야 원래 20만 원 하던 주식이었다는 걸 알게 된다면, 당장 처분할 건가요?

아마 대부분 그렇게 하지 않을 겁니다. 왜냐하면 마음속에 이미 '닻'을 내린 가격이 있기 때문입니다. 아마 40만 원까지 다시 오르길 기다렸다가 파는 사람이 대다수일 겁니다. 가격이 다시 오를까요? 글쎄요. 오를 수도 있고, 아닐 수도 있습니다.

주식 시장에서는 일단 '가격의 닻'을 한번 내리면 함정에 빠지기 쉽습니다. 진실한 가격을 제대로 인식하지 못하고 받아들이지 못하거든요. 결국 완전히 다 매도해야 끝이 납니다. 주식이 인간의 생각과 본성과는 완전히 반대로 흘러간다고 말하는 이유가 여기에 있습니다. 투자에는 소위 가격의 닻이 없습니다. 오직 기업의 재무제표, 경영 수치, 발전 과정 등의 정보를 근거로 판단해야 합니다.

그렇지만 모든 사람은 저마다의 사고방식과 투자 철학을 가지고 있어요. 일단 모종의 사고방식이 형성되면 다른 방식을 잘 받아들이지 않으려고 합니다. 이러한 사고 역시 어느 정도 '닻 내림 효과'의 영향이라고 할 수 있습니다. 그래서 워런 버핏의 오랜 파트너 찰리 멍거는 고대 속담을 자주 인용해 이러한 현상을 지적했습니다. "망치를 들고 있는 사람에게 모든 문제는 그저 못으로 보일 뿐이다."

투자만이 아닙니다. 우리 생활 곳곳에서 이 '닻 내림' 현상을 찾아볼 수 있습니다. 아마 이 이야기를 어디선가 들어본 사람도 있을 거예요.

음식점에서 일하는 직원이 2명 있었다. 한 명은 다른 한 명에 비해 실적이 훨씬 높았다. 사장은 늘 그 점이 답답했다. 한번은 그가 몰래 매장 뒤쪽에 숨어서 뭐가 문제인지 관찰하기로 했다. 알고 보니 둘의 화법이 전혀 달랐다.

직원 1: "안녕하세요. 달걀을 하나 추가해 드릴까요, 아니면 2개 추가해 드릴까요?"
그러면 고객은 하나를 더 먹을지 2개를 더 먹을지 고민했다. 30%의 손님만 달걀을 하나도 추가하지 않았다. 다른 직원은 어떻게 말했을까?

직원 2: "안녕하세요. 달걀 추가하시겠어요?"
이 질문을 받은 고객들은 '달걀을 추가할 것인가, 말 것인가'에만 초점을 맞추었다. 그 결과 매출의 폭이 확 줄어들었다.

사람들이 연봉을 올리기 위해 직장을 옮겨 다니는 이유도 그 때문입니다. 임금의 기준, 즉 '닻'이 이전 직장에 맞춰져 있기 때문이죠. 그러나 현 직장의 상사는 당신의 실적이 특출나게 우수하지 않은 이상 임금을 대폭 인상해 주기 어렵습니다. 일반적으로 매년 인상 폭은 5% 정도입니다.

상사가 당신의 임금을 책정할 때는 시장 가격을 참고합니다. 보통 같은 조건, 같은 수준의 직원들을 '닻'으로 삼는 겁니다. 당신을 스카우트하고 싶은 기업은 이를 참고해 현재 직장 및 시장 가격보다 조금 더 높은 가격을 부르겠지요.

똑같은 원리로 일을 잘할수록 이상하게 욕을 먹는 직원들이 있습니다. 똑같은 일을 하고 실적도 똑같은데 왜 누구는 칭찬을 받고 누구는 욕을 먹는 걸까요?

그건 상사가 두 사람의 능력치를 다르게 보기 때문입니다. 일을 잘하는 직원일수록 상사가 생각하는 능력치가 높고, 기대도 높은 것입니다. 기대는 나와 다른 사람에 대한 일종의 판단입니다. 나 자신 혹은 다른 사람이 어떤 목표를 달성하거나 기대하는 바를 만족시켜 주길 바라는 마음이지요. 이 기대 때문에 생겨나는 결과가 바로 '기대 효과'입니다. 다른 말로 '피그말리온 효과Pygmalion Effect'라고도 합니다. 사람의 기대는 '닻'이 내려간 깊이와도 같습니다. 기대가 높을수록 닻은 더 깊은 심해를 향해 내려가고 '닻 내림 효과'는 더 선명하게 나타나는 것이죠.

기댓값의 닻이 비교적 높은 수준에 내려져 있는 직원의 경우 일단 상사가 생각하는 기대치를 만족하지 못하면 인정받지 못합니다. 반면 일을 잘하지 못하는 직원은 상사의 기대치도 낮기 때문에 일을 그

르치지 않는 이상 칭찬과 인정을 받는 것입니다.

　요컨대, '닻'은 우리가 세상을 인지하기 위해 사용하는 일종의 수단입니다. 하지만 때로는 세상을 정확하게 바라보지 못하게 하는 '장애물'이 되기도 하지요. 어떻게 하면 잘못된 고정관념을 깨트릴 수 있을까요?

　프랑스의 한 사회심리학자는 "똑똑한 인간인지 아닌지를 판단하려면 그 사람이 두 가지 상반된 생각을 동시에 할 수 있는지 없는지를 보면 된다."라고 말했습니다. 사랑, 쇼핑, 일 모두 마찬가지입니다. 열린 마음과 생각으로 바라보고 대할 때 다양한 정보를 접할 수 있고 이로써 하나의 정보에만 '닻'을 내리는 실수를 피할 수 있습니다.

　'닻 내림 효과'의 영향을 받지 않도록 계속 노력해 보세요. 그래야만 이 세상의 진정한 가치를 정확하게 알 수 있으며 나 자신의 진짜 가치를 확실히 깨달을 수 있습니다.

14장

자신을 기만하지 마라
그건 사랑이 아니라 손실 혐오다

결혼한 후에 자꾸만
옛사랑이 생각나는 건 왜일까?

 손실 혐오

대학을 졸업하고 나서야 처음 연애를 시작했어요. 5년 정도 넘게 연애했죠. 저의 가장 아름답고 반짝반짝 빛나던 시기를 그 사람과 함께 보냈어요. 그 사람과 결혼하고 싶었어요. 하지만 연애 5년 차가 되자 뭔가 그 사람의 마음이 점점 식어 가는 것 같았어요. 한번은 다른 여자를 만나다가 저에게 들킨 적도 있었어요.

그때 그 사람이 무릎 꿇으며 한 번만 용서해 달라고 빌었어요. 다시는 안 그러겠다고요. 저는 그를 용서해 주었고 우리는 결혼 준비를 시작했어요. 같이 집도 마련하고 차도 사고, 양가 부모님께 인사도 올렸어요. 정말 잘 해줬어요, 그 사람이.

그런데 프러포즈를 받고 얼마 지나지 않아 그 사람이 또 바람이 났어요.

여전히 그를 사랑했지만, 도저히 받아들이지 못하겠더라고요. 그래서 헤어졌어요.

2년 동안 심리치료를 받았고 그 후에 지금의 남자친구를 만났어요. 그는 저에게 정말 헌신적이에요. 지금 우리는 천천히 결혼을 준비 중입니다.

그런데 문제가 하나 있어요. 자꾸만 예전 남자친구가 생각이 난다는 거예요. 왠지 제 인생의 가장 아름다운 시기를 모두 그 사람과 함께 보낸 것 같아요. 그 아름다웠던 기억이 말도 안 되는 비극으로 끝났다는 걸 받아들이기가 힘들어요.

지금 남자친구는 정말 좋은 사람이에요. 그러니까 더더욱 그 사람을 떠올리면 안 되는데 제 마음은 자꾸만 거기에 머물러 있어요. 아직도 그 사람을 사랑하는 것 같아요.

어쩌죠? 새로운 인생을 아름답게 시작하려면, 어떻게 해야 할까요?

사람은 손실을 혐오한다

사랑에 관해서는 사람마다 아름답고, 또 아픈 기억들이 있습니다. 이런 기억은 우리 인생에서 지울 수도, 옅어지지도 않아요. 과거를 완전히 잊어버릴 수는 없지만, 다음의 경제학적 시각으로 지나간 역사를 받아들이고 상처와 아픔, 기쁨을 인정할 수 있습니다. 그러면 과거와 화해하고 조금은 더 편안한 마음으로 살아갈 수 있지요.

과거의 아픔은 왜 사라지지 않고 우리를 따라다닐까요? 지금 정말 행복한데 왜 이따금 과거의 아픔이 생각나는 걸까요?

경제학으로 풀어보면 이것은 손실을 싫어하는 경향 때문입니다. 앞에서 살펴보았던 '전망 이론'에서 배웠듯이 사람은 손해와 이익을 서로 다르게 느낍니다. 똑같은 조건에서 손실로 인한 아픔을 이익으로 얻는 즐거움보다 훨씬 크게 느낍니다. 똑같은 물건인데 그걸 얻었을 때 느끼는 기쁨보다 잃어버렸을 때 느끼는 아픔이 훨씬 더 크다는 말이죠. 이러한 현상을 가리켜 '손실 혐오Loss Aversion'라고 합니다. '손실 회피성'이라고도 합니다. 보통 같은 양의 손실이 가져오는 부작용이 이익으로 인한 긍정적 영향의 2.5배에 달합니다.

'손실 혐오'는 사람들이 위험을 대하는 태도가 서로 다르다는 걸 증명합니다. 즉, 수익이 예측되는 상황에서는 위험을 회피하려 하지만, 손실이 예상되는 상황에서는 오히려 모험가가 되는 것입니다. 좀 더 이해하기 쉽도록 다음 실험을 살펴봅시다.

> 상황 1: 친구가 당신에게 사과 하나를 나눠 주었다.
>
> 상황 2: 친구가 당신에게 사과 2개를 나눠 주었다. 하나를 다 먹고 나머지 하나를 더 먹으려는데 갑자기 친구가 잘못 나눠 주었다며 하나를 도로 가져갔다.

사람들은 대부분 상황 1을 선택합니다. 사실 친구에게 사과 1개를 얻었다는 상황은 둘 다 똑같습니다. 하지만 두 번째 상황에서는 2개를 받았다가 하나를 빼앗겼습니다. 이건 '사과 하나의 행복'에 심각한 타격을 줍니다.

손해 보는 걸 좋아하는 사람은 없습니다. 단순하게 생각해도 얻는 게 잃는 것보다 좋습니다. 당신이 열심히 영업을 해서 100만 원짜리 제품을 팔았습니다. 고객은 그 자리에서 현금 봉투를 건네 주었어요. 당신은 그 돈 봉투를 그대로 가지고 은행에 저금하러 갔어요. 그런데 돈을 꺼내 보니 만 원이 비는 겁니다. 현장에서 제대로 세어 보지 않은 탓이었어요. 이럴 때 어떤 마음이 들까요?

아마 못 받은 그 만 원 때문에 엄청 기분이 나쁠 겁니다. 심지어 고객이 고의로 그랬는지 아닌지 모르는 상황에서 그를 마구 욕할 거예요. 거짓말쟁이에다가 정말 음흉한 사람이라고요. 물건을 팔아서 100만 원을 벌었다는 건 까맣게 잊은 채 말입니다.

이러한 손실 혐오는 왜 나타나는 걸까요? 진화심리학자는 손실을 혐오하는 경향은 인류의 진화 과정과 연관이 있다고 주장합니다. 사람들이 자주 보이는 공포증으로 뱀 혹은 광장 공포증이 있습니다. 진화심리학자들은 이 공포증이 '진화의 기억력'과 연관 있다고 말합니다. 그런데 인간은 하나의 '적응 기계'처럼 진화 과정에서 기억을 적응시키면서 생존과 번식의 성공률을 끌어올렸다는 것입니다.

손실 혐오는 마치 이 '적응 기계'와 같습니다. 인간은 오랜 기간 진화를 거치면서 혹독한 자연조건에 맞서야 했고, 잔혹한 생존 투쟁을 겪어야 했습니다. 따라서 손실을 혐오하는 주체(인간)는 그렇지 않은 비혐오형(동물) 주체보다 훨씬 더 환경에 잘 적응할 수 있었습니다.

손실 혐오는 사실 우리 내면 깊은 곳의 본능과도 관련 있습니다. 우리는 만 원을 잃어버리지 않으려고 만 원을 얻을 때보다 훨씬 더 노력합니다. 이것은 손실 위험을 회피하려는 경향이 이익을 얻으려는 경향보다 훨씬 더 강하다는 의미입니다.

손실 혐오를 사랑이라는 감정에 투영해 볼까요. 사랑의 감정이 끝나갈 때 사람들은 자신의 손실에 연연합니다. 상대에게 쏟아부은 시간과 에너지, 돈 등을 생각하는 거예요. 본인이 상대에게 '투자'한 것들이 '손실'로 변하는 상황을 인정하려 하지 않습니다. 그래서 이별을 거부해요. "나는 아직 그 사람을 사랑해.", "우리는 다시 시작할 수 있어.", "나는 그 사람을 포기 못 해."라는 말로 자기 자신을 설득하려 하죠. 그래서 억지로 관계를 이어 갑니다.

하지만 이렇듯 '쉽게 포기 못 하는' 손실 혐오의 심리가 '손실'을 '이익'으로 바꿔 주진 못합니다. 게다가 '손실'은 갈수록 더해집니다.

사실 저는 다행이라고 생각해요. 당신은 매우 과감하면서도 이성적인 선택을 했어요. 그래서 당신의 남은 시간과 에너지, 돈을 적절하게 다른 곳으로 옮겨 사용할 수 있었죠. 물론 본능은 여전히 손실 혐오를 피해 가지 못했습니다. 아무리 더 잘난 남자친구를 만난다고 해도 잃어버린 첫사랑에 대한 아픔을 채워 주진 못할 거예요. 지금은 그 사람을 사랑하지 않지만, 과거에 사랑했던 사람을 떠나보냈다는 것, 그리고 그와 함께했던 아름다운 시간이 끝나 버렸다는 건 어쩔 수 없이 슬픈 일이니까요.

과감하게 매몰비용을 포기하라

손실 혐오에서 빠져나오려면 어떻게 해야 할까요? 당신이 손실을 혐오하는 이유는 과거의 연애를 일종의 '손실'로 간주하기 때문입니다. 당신이 쏟은 감정과 에너지, 시간을 모두 당신이 지불한 일종의 '비용'으로 보는 거예요. 사람이 비용을 지불할 때는 그에 대한 보상을 기대합니다. 보상이 없으면 손실이 되는 거죠. 그런데 이 비용은 사실 이익과는 상관없습니다. 이렇게 생각하면 더 이상 손해 봤다는 생각이 안 들 거예요.

경제학에서는 무언가를 결정할 때 경제성을 생각합니다. 수입에서 비용을 빼고 남은 금액이 '+'여야만 좋은 결정이었다고 보는 것이죠. 그런데 이익을 계산할 때 모든 비용을 계산에 집어넣지 않습니다. '매몰비용'이라는 것이 있는데 그건 비용으로 보지 않기 때문에 이익을 계산할 때 고려하지 않습니다.

'매몰비용Sunk Cost'은 이미 지불하여 회수가 불가능한 비용으로 현재의 의사결정과는 아무런 연관이 없습니다. 어떤 일을 결정할 때 우리는 그 일이 나에게 어떤 의미가 있는지, 이득인지 아닌지를 따집니다. 그뿐만 아니라 과거에 그 일과 관련한 투자를 했는지 아닌지까지 함께 살펴봅니다. 이미 발생했지만 주워 담을 수 없는, 예를 들어 시간, 돈, 에너지 등이 모두 매몰비용에 해당합니다.

결정의 관점에서 보면 이미 발생한 비용은 현재의 상태를 만들어낸 여러 요소 중 하나에 불과합니다. 지금 의사결정을 할 때 필요한 건 앞으로 발생할 비용 및 그로 인한 수익이지 과거에 발생했던 비용이 아닙니다.

2001년 노벨경제학 수상자인 조지프 스티글리츠 교수는 "보통 사람(비경제학자)은 기회비용을 계산하지 않고, 경제학자는 매몰비용을 고려하지 않는다."라고 말했습니다.

그의 저서 『스티글리츠의 경제학』에는 다음과 같은 설명이 나옵니다. "합리적인 경제인은 이미 지불했지만 어떤 선택을 하더라도 회수할 수 없는 비용은 생각하지 않는다. 이것이 매몰비용이다."

이와 관련해 그는 또 다른 예를 듭니다. "가령 지금 7달러를 내고 영화표를 샀다고 하자. 그런데 갑자기 그 영화가 7달러를 주고 볼 만한 작품인지 의구심이 들기 시작했다. 30분 정도 영화를 관람하고 나니 당신의 생각이 틀리지 않았음을 알 수 있었다. 영화는 정말 끔찍

했다. 그렇다면 당신은 그 자리에서 영화관을 박차고 나올까? 이에 대해 결정할 때는 이미 지불한 7달러는 생각하지 말아야 한다. 7달러는 이미 지불한 매몰비용이기 때문에 당신이 집으로 돌아가든, 영화를 계속 보든 회수할 수 없다."

손실 혐오가
더 큰 손실을 부른다

투자나 재테크를 할 때는 '매몰비용'에 관한 오해를 없애야 합니다. 가장 좋은 방법은 스스로 "지금 나에게 이 주식/펀드가 없다면, 혹은 갑자기 돈이 생긴다면 이걸 사겠는가?"라고 물어보는 것입니다.

만약 'NO'라는 대답이 나오면 처분하는 게 좋습니다. 당장 눈에 보이는 손실만 피해 가려고 가능성 없는 주식을 가지고 있으면 문제를 더 키우기만 할 뿐입니다.

하지만 '손실 혐오'는 사람의 마음을 완전히 반대 방향으로 이끌고 갑니다.

당신에게 주식이 2개 있다. 하나는 주가가 2만 원 올랐고, 하나는 2만 원 떨어졌다. 지금 급한 돈이 필요해서 하나를

조사 결과 대부분의 사람은 올라간 주식을 처분한다고 말한 것으로 밝혀졌습니다. 주식이 오른 건 곧 이익을 얻었다는 뜻이므로 그 이익을 바로 현금화해서 사용하는 게 좋다고 생각하는 것이죠. 주식이 계속 오를 거라는 생각은 하지 않은 채 말입니다. 떨어진 주식은 손실이라고 생각하면서 대다수는 주식이 다시 오름세를 타서 손실을 메우길 희망했습니다. 지금 팔아 버리면 그 손실은 영원히 메울 수 없다고 생각하는 것입니다.

그런데 사실 정확하게 말하면 두 종목 중에서 앞으로 어떤 종목이 오를지는 알 수 없습니다. 그럼, 성장 가능성을 놓고 봤을 때 가능성이 낮거나 혹은 떨어질 가능성이 있는 걸 먼저 파는 게 맞겠죠. 그래서 확률적으로 본다면 지금 당신에게 이익을 가져다준 그 종목이 앞으로 계속 이득일 가능성이 높습니다. 그러니까 남겨 놓아야겠죠. 손해 본 주식은 앞으로도 계속 떨어질 수 있으므로 당장 처분하는 것이 맞습니다. 그렇지 않으면 손실은 더 커질 겁니다.

결국 주식 혹은 펀드를 할 때 이미 당신에게 손해를 많이 안긴 데다가 단기간에 개선될 조짐이 없는 종목을 맹목적으로 기다리거나 상황이 호전되길 바라는 것보다는 매몰비용을 감수하고 처분하는 것이 좋습니다. 그리고 다시 새롭게 시작해야죠.

손실 혐오의 심리 때문에 소비자들은 물건을 구매할 때 이성적이지 못합니다. 그래서 이 심리는 판촉이나 마케팅에 널리 사용되며, 이로써 소비자의 행위를 무의식적으로 교묘히 조종합니다.

온라인 스토어에서 옷을 쇼핑하고 있는 당신. A와 B 2개 모두 마음에 들었지만 한 벌만 살 수 있다. 어떤 옷을 선택하겠는가?

A 상품: 판매가 1만 8천 원, 배송비 2천 원
B 상품: 판매가 2만 원, 배송비 무료

두 상품이 별 차이가 나지 않는 상황에서 사람들은 대부분 B를 선택합니다. 심지어 A 상품의 배송비를 1천 원까지 내린다고 해도 결과는 같습니다.

전통적인 '이성적 소비자'의 가설에 근거해 생각해 보면 소비자가 지불해야 하는 총금액은 동일하므로 A와 B의 선택 비율이 비슷해야 합니다. 총금액이 하나가 내려가는 상황이라면 당연히 B보다 A를 선택하는 사람이 더 많아야겠죠. 그런데 왜 현실에서는 B를 선택하는 사람이 더 많은 걸까요?

인터넷에서 물건을 구매해 본 사람들은 알겠지만, 배송비가 추가로 발생할 때는 심리적으로 매우 불편합니다. 그런데 배송비가 무료면 총금액이 올라가도 괜찮습니다. 제품도 돈을 주고 사야 하고, 물류 서비스도 돈을 내고 이용해야 한다는 건 썩 유쾌한 체험이 아니거든요.

사실 배송비 무료 상품의 가격에는 배송비까지 포함되어 있다는 걸 소비자도 다 압니다. 하지만 '배송비 별도'라는 말이 그렇게 눈에 거슬립니다. 그래서 구매를 망설이거나 심지어 포기하는 것이죠.

왜 그럴까요? 배송비가 2차적으로 소비자의 '손실 혐오'를 야기하기 때문입니다. 바꿔 말하면 상품비도 결제하고, 배송비도 결제하는 두 번의 과정을 겪으면 소비자는 자신이 손해를 봤다고 생각합니다.

손실을 인정하는 사람에게
미래가 있다

"한때 진심 어린 사랑이 눈앞에 있을 때 소중히 여기지 않고, 잃은 후에야 큰 후회를 했소. 인간사에서 가장 고통스러운 일은 후회하는 것이오."

영화 〈서유기〉에 나오는 명대사입니다. 그런데 혹시 이렇게 생각해 본 적 있나요? 그 사랑을 진심으로 아끼고 사랑했을 때 느꼈던 기쁨과 사랑을 잃어버린 후에 느끼는 아픔이 과연 똑같을 수 있을까요? 지나간 사랑을 놓아주지 않으면 앞으로 나아갈 수 없습니다. 좀 더 쉬운 말로, 이미 잃은 것을 놓아주지 못한다면 앞으로 더 많은 걸 잃어버릴 거예요.

그러니 '매몰비용'은 생각하지 마세요. 이미 사라진 비용입니다. 무슨 수를 써도 주워 담을 수가 없어요. 그렇다면 신경 쓰지 않는 게 답입니다. 잃어버린 아픔 위에 서 있지 마세요. 매몰비용은 잊어버리고 앞을 향해 나아가세요.

매몰비용의 개념을 잘 이해했다면 지나간 사랑이 곧 매몰비용이라는 걸 알 수 있습니다. 비록 지불했지만 당신은 손해를 본 게 아니에요. 그런데도 놓아줄 수 없다면 더 견디기 힘들 거예요. 적절하지 못했던 사랑을 놓아주지 못하면 새로운 사랑도 시작할 수 없습니다.

마음을 정리하세요. 진짜 사랑했다면 후회하지 않아도 됩니다. 그 당시에는 그 사람을 사랑했기 때문에 뭐든지 할 수 있었던 거예요. 그러니 보상도 필요 없습니다. 그때 그 사람을 위해 했던 모든 것이 당신을 기쁘게 했다면, 그걸로 된 거예요.

비록 과거의 사랑이 아름다운 결실을 보진 못했지만, 그 과정에서 배우고, 성장하고, 성숙했습니다. 그리고 마침내 지금의 더 아름다운 사랑을 만났지요. 이것이 당신의 수확입니다.

15장

그건 정말 당신 잘못이 아니다
'레몬 시장' 때문이다

이렇게 괜찮은 내가
왜 아직 짝이 없을까?

 레몬 시장

저는 남들이 말하는 '골드미스'입니다. 지금은 이름만 대면 다 아는 유명 대기업에서 일하고 있어요. 주변 동료들은 다 제짝을 찾아서 결혼했습니다. 다들 어쩜 그렇게 잘생기고 예쁜지 모르겠어요. 친한 친구들 중에는 행복한 결혼 생활을 하는 친구들도 있고, 행복한 독신 라이프를 즐기는 친구들도 있습니다. 그런데 왠지 혼자인 친구들 중에는 '다이아미스터'보다는 '골드미스'들이 더 많은 것 같아요.

왜 능력 있는 여성일수록 혼자인 경우가 많을까요?

저만 해도 그래요. 지금 자의 반, 타의 반으로 독신으로 지낸 지 5년 정도 되었어요. 주변에 저처럼 솔로로 지내는 여자 친구들은 "난 그냥 눈코입 제대로 붙어 있고 대화 잘 통하는 사람이면 되는데 왜 그런 남자가 없을까?"라며 불평을 늘어놓습니다. 그런데 정말 궁금해요. 왜 그럴까요? 우리가 눈이 너무 높은 걸까요? 아니면 저한테 무슨 문제가 있는 걸까요?

자원 배분은
늘 최적이 아닐 수 있다

솔로로 지내는 사람들은 다 각자의 이유가 있습니다. 그런데 경제학의 관점에서 가장 우수한 자원이 최적으로 배치되지 못할 때가 있어요. 다시 말해 능력 있는 여성이 혼자인 것은 당신 잘못이 아니에요. 그건 그저 높은 확률로 발생한 결과라는 뜻입니다.

경제학자 댄 애리얼리의『경제심리학: 경제는 감정으로 움직인다』에 소개된 실험입니다.

남녀 각각 50명, 총 100명의 대학생이 실험에 참가했다. 참가자들에게는 1부터 100까지 숫자가 쓰인 카드를 나눠 주고 등에 붙이도록 했다. 실험의 규칙은 아래와 같았다.
실험 참가자는 남녀 총 100명이며 남성에게는 홀수, 여성에게는 짝수가 적힌 카드를 나눠 주었다.
숫자는 1~100까지 있었지만 참가자들은 가장 큰 수가 100

이고 작은 수가 1이라는 건 알지 못했다.

숫자는 등에 붙어 있으며 오직 다른 참가자의 숫자만 볼 수 있다. 본인은 자신의 숫자를 알지 못한다.

참가자는 서로 어떤 대화든 나눌 수 있지만 상대 등에 붙은 숫자를 알려 주어서는 안 된다.

남성은 이성에게 파트너를 요청할 수 있지만, 여성은 마음에 들지 않을 경우 거절할 수 있다. 파트너로 연결된 후 두 사람의 숫자를 합친 값이 클수록 상금액이 올라간다. 상금은 가장 큰 수가 나온 팀에게 돌아간다.

게임에는 시간 제한이 있다.

실험의 규칙은 간단합니다. 서로의 가치를 모르는 상황에서 최대한 더 많은 가치를 지닌 이성을 찾아 이익의 극대화를 이루는 것이죠. 결과를 아직 모르는 상황이니 우리 한번 같이 상상해 봅시다. 참가자들은 어떻게 상대를 찾을까요? '시장'에는 어떤 현상이 나타날까요?

참가자들은 자신의 숫자는 모르지만, 다른 참가자의 숫자는 알 수 있습니다. 그렇다면 모든 참가자는 최대한 큰 숫자를 가진 이성을 찾아가겠죠. 최대 합을 도출해야 하니까요.

이것은 다시 말하면 숫자 100을 가진 여성과 99를 가진 남성에게 가장 큰 선택권이 있다는 뜻입니다. 반대로 숫자가 적을수록, 1이나 2를 붙이고 있는 사람에게는 이성이 별로 찾아가지 않겠죠. 이론은 그렇습니다.

하지만 일단 본인의 숫자를 알지 못하므로 맹목적으로 짝을 찾아다닐 수밖에 없습니다. 그럼, 숫자가 적은 사람은 큰 숫자를 가진 사람을 만날 가능성이 아예 없을까요?

결과는 매우 뜻밖이었습니다.

먼저 절대다수의 참가자는 짝을 찾았습니다. 그런데 서로의 숫자는 매우 비슷했어요. 두 수의 차이가 20이 넘어가는 경우는 거의 없었습니다. 예를 들어 55번의 남성은 50~60 사이의 여성을 만날 가능성이 80%였습니다. 이는 다음의 두 가지를 설명합니다.

첫째, 참가자들은 자신의 숫자를 알지 못하지만, 짝을 찾아가는 게임을 통해 자신의 수치가 어느 구간에 있는지 대충 감을 잡습니다. 결혼 시장의 관점에서 보자면 자신이 시장에서 얼마나 환영받는 사람인지를 대충 짐작할 수 있는 것이죠.

둘째, 자신의 숫자 구간을 눈치챈 뒤에는 본인의 수와 비슷한 이성을 찾아갔습니다. 자신보다 훨씬 높은 수를 지닌 이성은 찾아가지 않았습니다. '형편이 엇비슷한' 사람을 찾아간 것이죠.

그럼 숫자 100번을 붙이고 있던 여성은 누구와 짝이 되었을까요? 재미있게도 99번이나 97번, 95번이 아닌 73번의 남성이었습니다. 둘의 차이는 27로 방금 말했던 것처럼 서로의 차이가 20이 넘어가는,

매우 드문 경우였습니다.

왜 이런 결과가 나왔을까요?

게임이 시작되자 남성 참가자들은 하나같이 숫자가 높은 여성 참가자들을 찾아갔습니다. 그래서 100번 여성이 가장 인기가 많았죠. 하지만 그녀는 본인의 수가 그렇게 높다는 사실을 몰랐고, 남성들 중에 가장 높은 수가 얼마인지 모르는 상황이었습니다. 그래서 99번의 남성이 다가와도 그가 남성 참가자 중 가장 높은 수의 주인공이라는 걸 모른 채, 더 높은 수의 이성이 나타나길 기다렸던 겁니다. 하지만 그녀가 자신의 숫자를 눈치챈 뒤에는 이미 남성들이 짝을 맺은 뒤였습니다. 마음이 급해진 그녀는 남은 참가자 가운데 숫자가 가장 높은 사람을 찾아갔고 그게 바로 73번이었습니다.

어떤가요? 결혼 시장과 정말 비슷하지 않나요?

정보의 비대칭이
역선택을 만든다

왜 이런 문제가 나타났을까요? 가장 큰 원인은 정보의 비대칭 때문입니다. 결혼 시장에서는 이 문제가 더 심합니다. 한 번에 모든 이성의 모든 정보를 알아낼 수 없으므로 일회성 판단에 근거해서 선택해야 합니다. 정보를 교환하는 과정이 되어야 상대의 가치를 알 수 있습니다. 하지만 그것을 발견하려면 돈, 시간, 에너지 등을 투자해야 합니다. 실패한다고 해도 되찾아 올 수는 없습니다.

이 과정은 비즈니스 입찰과 달리 떨어져도 선금 환불이 안 됩니다. 이 경쟁은 일종의 게임과도 같습니다. 제가 지금 만 원의 가치를 지닌 기념품을 경매에 내놓았습니다. 당신은 입찰가로 100원을 불렀습니다. 만일 당신보다 더 높은 가격을 누군가 내놓지 않으면 100원에 이 거래는 성사됩니다. 당신에겐 엄청난 이득이죠.

그런데 누군가가 200원, 혹은 더 높은 가격을 불렀다면 당신이 제시했던 100원은 회수 불가능합니다. 이때 당신이 주도권을 가지려면 더 높은 금액을 제시하거나 100원을 포기하는 수밖에 없습니다.

그런데 이 게임의 결과는 생각보다 무섭습니다. 대학에서 회계학 석사를 공부하던 시절, 우리에게 게임 이론을 가르치시던 교수님이 수업 중에 이와 관련한 실험을 진행했습니다. 그는 20위안짜리 지폐를 꺼내 '경매'를 시작했는데 마지막에는 100위안에 낙찰되었습니다.

이러한 현상을 경제학에서는 '역선택Adverse Selection'이라고 합니다. 정보의 비대칭으로 시장 자원 배치에 왜곡이 일어나는 것을 말합니다. 미국의 유명 경제학자 조지 애컬로프가 논문 「레몬 시장: 품질, 불확실성, 시장 메커니즘The Market for lemons : Quality Uncertainty and the Market Mechanism」에서 제시한 개념입니다. 이로써 그는 다른 2명의 경제학자와 함께 '비대칭 정보학'의 기반을 닦아 2001년 노벨경제학상을 수상했습니다.

미국 사회에서 '레몬'은 '불량품', '하등품'을 뜻합니다. 그래서 '레몬 시장The Market for Lemons'은 불량품 시장이라고도 부릅니다.

레몬 시장이 존재하는 이유는 구매자가 제품의 진정한 가치를 모르는 상황에서 시장의 평균 가격만으로 평균적인 품질을 판단하기 때문입니다. 구매자는 제품의 좋고 나쁨을 알 수 없으므로 시장에 형성된 평균 가격을 제시하고 제품을 구매합니다.

하지만 시장에는 좋은 제품도 있고 나쁜 제품도 있습니다. 그러니 평균 가격으로 거래되는 상황에서 좋은 상품을 제공하는 사람은 자연스레 손해를 보고, 불량품을 제공하면 이익을 얻게 되지요. 그러다가 결국 우량품은 점차 시장에서 자취를 감추고, 제품의 품질은 하향 평준화됩니다. 그러면서 평균 가격도 덩달아 하락하지요. 진짜 가치가 평균 가격보다 상위에 있는 제품은 시장에서 사라지고, 마지막에는 불량품만 남게 됩니다. 결국 소비자는 시장에 불량품만 남아 있다고 생각하여 가격이 높은 우량품을 보면 의심을 품게 됩니다. 그러고는 '호구'가 되지 않기 위해 불량품을 선택하게 되지요. 이것이 바로 레몬 시장의 원리입니다.

조지 애컬로프의 논문에는 레몬 시장의 전형적인 예라고 할 수 있는 중고차 거래 상황이 등장합니다.

당신은 현재 중고차 시장에 '우량품'과 '불량품'이 각각 절반 정도라는 상황을 대략적으로 알고 있다. 당신은 우량품의 경우 4천 달러를, 불량품의 경우 2천 달러를 지불할 의향이 있다.

하지만 당신은 어떤 차가 좋은 차고, 어떤 차가 불량품인지 분간할 수 없다. 어떻게 하겠는가?

기대치에 따라 값을 지불한다면 '2천 × 0.5 + 4천 × 0.5 = 3천 달러'가 됩니다.

만일 우량품 차주의 심리적 기대치가 2,500달러라면 3천 달러를 지불하는 경우 500달러밖에 남기지 못합니다. 원래는 1,500달러를 남겨야 하는데 말입니다.

그런데 불량품 차주는 심리적 기대치가 1,500달러라고 하면 그대로 1,500달러를 벌 수 있습니다. 원래는 500달러만 받아야 하는데 말이죠.

정보의 비대칭성 때문에 결국 우량품의 차주는 시장에서 불량품 차주에게 보상을 해주는 형식으로 존재합니다.

게다가 불량품의 비율이 높아지면 우량품의 비율은 줄어듭니다. 그럼 시장에서 소비자의 기대 역시 낮아지겠죠. 기대치가 2천 500달러 밑으로 내려가면 우량품의 차주는 만족할 정도의 가격을 받지 못하므로 시장에서 발을 뺍니다. 그래서 '굴러온 돌이 박힌 돌을 빼내는' 상황이 발생합니다.

정보의 비대칭으로 인해 '박힌 돌'이 내쫓기는 현상은 이미 우리 생활 곳곳에 만연해 있습니다. 사람들은 이 법칙을 활용해 가치가 낮은 물건을 '우량 시장'에 유통시켜 '약육강식'의 생태계를 완전히 뒤집어 놓기도 합니다.

결혼 시장은 '완전한 경쟁 시장'은 아닙니다. 모든 사람의 기본 가치가 다르고 정보도 불완전합니다. 제품에 비유하자면 상품은 다양하지만 가격과 품질이 모두 다른 셈이죠. '레몬 시장'의 특징과 매우 유사합니다.

능동적인
시그널링이 필요하다

정보 경제학은 정보의 비대칭을 해결하는 방법으로 '스크리닝 Screening'과 '시그널링 Signaling'이라는 두 가지 방법을 제시합니다.

먼저 '스크리닝'은 정보 선별에 관한 방법입니다. 정보가 부족한 일방이 먼저 나서서 다양한 거래 방식이나 계약서, 기제를 설계해 상대가 정보를 공개하도록 이끄는 것입니다. 이로써 정보가 부족한 일방은 거래 수익의 극대화를 실현할 수 있습니다.

중고차 시장에서 차를 구매하는 사람이라면 다음과 같은 방법으로 가격을 흥정할 수 있습니다. "2년 무상 수리 서비스를 제공해 주신다면 4천 달러를 지불하겠습니다. 그렇지 않으면 2천 달러만 내겠어요."

이 경우, 우량품의 차주라면 자기 차량의 품질에 자신이 있기 때문에 2년 안에는 고장 이슈가 없을 거라고 생각해 제안을 받아들입니다. 이로써 1,500달러의 수익을 남기지요. 하지만 불량품 차주는 후자를 선택할 수밖에 없으므로 500달러의 이익만 실현할 수 있습니다.

두 번째 시그널링은 신호 전달에 관한 방법입니다. 정보를 가진 일방이 모종의 비용을 부담하는 방식으로 거래 대상에게 자신의 속성을 밝히고 이로써 이익을 극대화하는 방법입니다.

중고차 시장에서 판매자는 자신의 차가 우량품이라는 것을 알기 때문에 위의 예문과는 반대로 먼저 무상 수리 조건을 제시할 수 있습니다. 다만 구매자가 3,500달러를 지불해야 한다는 전제입니다. 불량품 차주는 무상 수리 조건을 감당하기 힘들기 때문에 이러한 정보를 전달하지 않습니다. 우량품 차주는 이로써 자신의 차를 불량품과 구분 지을 수 있고 이익의 극대화를 실현할 수 있습니다.

그렇다면 이 두 가지 법칙을 우리 일상에 어떤 식으로 적용해야 할까요? 사실 시장에서는 정보의 비대칭을 없애는 다양한 방식을 이미 적용하고 있습니다. 브랜드를 만들어 품질에 대한 소비자의 우려를 불식시킨다거나 제품의 수리, 교체, 반품을 모두 책임진다는 규정을 시행해 제품 A/S에 들어가는 비용 부담을 잠재우는 것입니다. 취업 전에 국가 자격증을 취득하면 고용인에 대한 고용주의 의심과 걱정도 해결할 수 있습니다.

이렇게 보면 정보의 비대칭을 해결하려면 정보를 더 효과적으로 전달해야 할 뿐 아니라, 비용을 올리는 방식으로 정보의 신뢰도를 높여야 한다는 걸 알 수 있습니다.

그럼 이제 다시 처음의 사연으로 돌아가 볼게요. 왜 당신처럼 유능한 여성이 여전히 골드미스로 남아 있는 걸까요?

연애 전문가들은 결혼 상대를 고를 때 여성은 '45도' 상향된 배우자를 선호한다고 분석합니다. 즉 나이, 학력, 수입 등의 방면에서 본인보다 한 계단 위에 있는 배우자를 선호한다는 것입니다. 이것이 정보의 잘못된 포지셔닝을 야기합니다. 결국 유능한 여성일수록 자신의 기대에 부합하는 남성을 만나지 못하는 이유가 무엇인지 알 수 있습니다.

물론 정보의 비대칭으로 나타나는 '레몬 시장'도 왜곡된 현상이지만, 사실 대도시에서는 유능한 여성일수록 골드미스를 자처하는 현상이 더욱 두드러집니다.

'도시는 여성들의 보루'라고 말하는 사람들이 있습니다. 도시에 사는 여성일수록 자기 보호 능력이 강해서 딱히 결혼을 생각하지 않습니다. 그래서 현대 여성들은 갈수록 독립성이 강해지고 있고 결혼 연령도 점점 늦어지는 추세입니다. 이는 남성의 수가 제한적인 것도 있지만 배우자 선택에 대한 남녀의 가치관 차이, 개인의 이성적 판단에 의한 결과 등이 이유라고도 볼 수 있습니다.

그렇다고 결혼할 상대를 어디서도 찾기 힘들다는 말이 아닙니다. 정보의 비대칭 원리에 따라 능동적인 시그널링을 통해 당신을 알리는 것도 하나의 방법입니다.

요즘은 고급 결혼 정보 회사도 많이 등장했습니다. 회원비가 비싸고 '진입 장벽'도 높은 편이지만, 그건 다른 말로 하면 회원들의 수준을 어느 정도 보장할 수 있다는 말이며 나와 비슷한 수준의 사람들을 조금 더 쉽게 만나 볼 수 있다는 뜻도 됩니다. 정보 탐색의 과정을 줄이고 정보 선별에 필요한 비용과 정보의 불확실성을 낮출 수 있다는 얘기지요. 결혼과 일, 일상에 존재하는 정보의 비대칭을 줄이기 위해 당신은 어떤 노력, 얼마큼의 비용을 쓸지 잘 생각해 보기 바랍니다.

인생 고민, 경제학에 묻다

밥 먹여주는 경제학

펴낸날 2023년 10월 30일 1판 1쇄

지은이 세종보
옮긴이 하은지
펴낸이 김영선
편집주간 이교숙
책임교정 나지원
교정·교열 정아영, 이라야, 남은영
경영지원 최은정
디자인 정윤경
마케팅 조명구

발행처 ㈜다빈치하우스-미디어숲
출판브랜드 더페이지
주소 경기도 고양시 덕양구 청초로 66 덕은리버워크지산 B동 2007호~2009호
전화 (02) 323-7234
팩스 (02) 323-0253
홈페이지 www.mfbook.co.kr
출판등록번호 제 2-2767호

값 18,800원
ISBN 979-11-5874-203-4(03320)

㈜다빈치하우스와 함께 새로운 문화를 선도할 참신한 원고를 기다립니다.
이메일 dhhard@naver.com (원고 및 기획서 투고)